Armonía interior
El camino de la atención total

Armonía interior
El camino de la atención total

Gustavo Estrada

ÁPEIRON
Colombia • México • Perú

Estrada Hurtado, Gustavo
    Armonía interior : el camino de la atención total / Gustavo
Estrada Hurtado. -- Edición Alejandro Villate Uribe. -- Bogotá :
Panamericana Editorial, 2018.
    252 páginas ; 23 cm.
    Incluye índice alfabético.
    Título original : *Inner Harmony through Mindfulness Meditation*.

    ISBN 978-958-30-5719-9
    1. Ensayos colombianos 2. Espiritualidad - Budismo 3.
Meditación I. Villate Uribe, Alejandro, editor II. Tít.
Co864.6 cd 21 ed.
A1591371

        CEP-Banco de la República-Biblioteca Luis Ángel Arango

Primera reimpresión, octubre de 2018
Primera edición en Panamericana Editorial Ltda.,
bajo el sello Ápeiron, abril de 2018
Título original: *Inner Harmony through Mindfulness Meditation*
© 2014 Gustavo Estrada
© 2017 Panamericana Editorial Ltda.,
de la versión en español
Calle 12 No. 34-30, Tel.: (57 1) 3649000
www.panamericanaeditorial.com
Tienda virtual: www.panamericana.com.co
Bogotá D. C., Colombia

Editor
Panamericana Editorial Ltda.
Traducción del inglés
Gustavo Estrada
Diagramación
y diseño de carátula
Martha Cadena
Fotografías de carátula
© Shutterstock - Sergey Nivens

ISBN 978-958-30-5719-9

Impreso por Panamericana Formas e Impresos S. A.
Calle 65 No. 95-28, Tels.: (57 1) 4302110 - 4300355, Fax: (57 1) 2763008
Bogotá D. C., Colombia
Quien solo actúa como impresor.

Impreso en Colombia - *Printed in Colombia*

ÁPEIRON

Anaximandro, el gran filósofo griego, creía que el origen de todo era el ápeiron, término con el cual se define la materia indeterminada e infinita: se dice que **"todo sale y todo vuelve al ápeiron según un ciclo necesario"**.

Nuestra interpretación gráfica del ápeiron, a partir del símbolo del infinito, representa al ser y los cuatro elementos (aire, agua, tierra y fuego) como su unidad.

En el sello editorial Ápeiron los lectores podrán encontrar obras sobre bienestar, salud, crecimiento personal y búsqueda del equilibrio entre mente y cuerpo.

Contenido

A mi hijo Carlos (1968-2013):
Un ser humano especial,
una víctima de creencias sectarias.

Prólogo

El tema central de este libro es la armonía interior y las acciones que todos debemos tomar —los deseos intensos que debemos detener, las aversiones que debemos olvidar, las opiniones sesgadas que debemos soltar— para permitir la aparición espontánea de la armonía interior en nuestras vidas. No debemos perseguir la armonía interior. Lo que en realidad tenemos que hacer es eliminar las barreras que bloquean su aparición; nuestras acciones no deben pues apuntar al logro de la armonía interior sino a la eliminación de los factores que impiden su surgimiento espontáneo, sean los deseos intensos o desordenados, las aversiones o las opiniones sesgadas.

Los conceptos de lo que aquí se presenta provienen de dos campos del conocimiento, con veinticinco siglos de diferencia en el tiempo, que individual y complementariamente pueden ayudar a las personas curiosas en su proceso de apertura mental. El primero, el lado práctico, son las enseñanzas —documentadas extensivamente— de un sabio indio del siglo VI a. C., Siddhattha Gotama, más conocido como el Buda, fue uno de los primeros pensadores de la historia en discutir el sufrimiento humano —presente cuando no hay armonía interior— y desarrollar una estrategia para eliminar tal sufrimiento.

La segunda fuente es el enfoque de las ciencias sociales conocido como psicología evolutiva, que es la aplicación de los principios de la evolución por selección natural a la comprensión de la mente humana. Según la psicología evolutiva, los rasgos mentales de los seres humanos son adaptaciones diseñadas por la selección natural de la misma manera como evolucionaron los rasgos biológicos en todas las criaturas vivientes. En otras palabras, la evolución de las cualidades mentales es una extensión de la evolución de la vida.

La psicología evolutiva, el lado teórico, no ofrece recomendaciones específicas sobre la detención de los deseos intensos, las aversiones o las opiniones sesgadas. La razón para apoyarse en algunos de sus conceptos es diferente. La evolución de los recuerdos del placer hacia apetitos-deseos intensos y de los recuerdos del dolor hacia miedos-aversiones explica la naturaleza del sufrimiento, como el Buda intuitivamente lo entiende. Ni Siddhattha Gotama ni ninguna otra persona hasta Charles Darwin veintitrés siglos más tarde insinuaron ideas sobre la evolución biológica o la selección natural. Sin embargo, la visión extraordinaria del Buda permite al Sabio desarrollar su estrategia para reducir y, finalmente, eliminar el sufrimiento humano.

Con respecto a la primera fuente, las enseñanzas [1] del Buda (las enseñanzas, a lo largo de este libro) son unas excelentes guías de vida y los discursos del Buda se citan reiteradamente. Sin embargo, este libro no es, de ninguna manera, sobre budismo, y no puede ser así porque algunas de las interpretaciones del pensamiento del Sabio aquí presentadas se desvían de lo que es generalmente aceptado por los eruditos budistas.

Experimentar la armonía interior no requiere la afiliación a ningún credo o el respaldo de ninguna religión budista o de cualquier índole. Los lectores no necesitan ni abandonar sus creencias (religiosas o metafísicas de ningún tipo) ni aferrarse a ellas, cualesquiera que sean; las creencias son irrelevantes y no están relacionadas con las prácticas aquí recomendadas. Este libro trata sobre la aplicación del sentido común y no tiene nada qué ver con la adhesión o el abandono de cualquier sistema de fe.

El objetivo principal de este texto es persuadir a los lectores sobre la solidez y la lógica de sus contenidos. Un objetivo más ambicioso sería motivar suficientemente a los estudiantes para que comiencen a practicar la meditación de atención total,

---

1   **Las enseñanzas del Buda y el Canon Pali**: Las enseñanzas del Buda aparecen en el Canon Pali, el texto más antiguo y voluminoso de las escrituras budistas. El Canon Pali, como su nombre lo indica, está escrito en el idioma pali y contiene, entre muchos otros documentos, las narraciones o discursos del Buda. El texto del Canon Pali que este libro cita mayor número de veces es *La senda de las enseñanzas*: (*Khuddaka Nikaya*: *Dhammapada*).

una aspiración que obviamente es más difícil de materializar porque exige el compromiso de cada individuo. Sin embargo, este autor espera que, al lograr la parte persuasiva, los lectores opongan menos resistencia a la meditación.

Además de las enseñanzas y las ciencias evolutivas, la experiencia directa de este escritor en su propio proceso de exploración es un tercer componente con gran influencia en el contenido del libro. El estudio de las enseñanzas o el aprendizaje de la psicología evolutiva es el conocimiento racional que la gente puede obtener de los textos o los programas de entrenamiento. Sin embargo, el Sabio enfatiza [2] en que simplemente repetir, sin poner en acción lo que se ha leído es como "contar las ovejas del rebaño de otro pastor" (o hacer una lista de las posesiones de otra persona). Este autor sabe la verdad de lo que está aquí escrito desde su experiencia directa. Él comprende íntimamente que la aplicación de las enseñanzas trae consecuencias útiles, en proporción directa a la dedicación y a la perseverancia. Él también sabe por escarmiento directo que la desviación de las enseñanzas conduce inevitablemente a la desarmonía. Este efecto directo y personal se convirtió en una fuerza impulsora en la realización de esta obra.

No obstante, la experiencia de terceros, sean consejeros o académicos, por valiosa que haya resultado, es inútil y secundaria para el lector corriente. Este hecho conduce a este autor a abordar el énfasis final de este prólogo desde el punto de vista de quien lee (en contraposición a la perspectiva de quien escribe). Aunque la sabiduría de las enseñanzas y la solidez de sus prácticas son categóricas, es solo a través de acciones personales y efectos reales como los consejos y los discursos se convierten en verdades para cualquier individuo. Solo la experiencia directa y los beneficios tangibles alcanzados convencen a una persona sobre la efectividad y el beneficio de cualquier procedimiento.

---

2   *Dhammapada 19-20: La senda de las enseñanzas 19-20.*

Este autor se refiere a lo que se presenta aquí como budismo pragmático. Para los pragmáticos, la verdad es aquello que produce resultados positivos; lo que no funciona es incorrecto, falso o cuestionable. Por lo tanto, las enseñanzas solo se convertirán en realidad para alguien cuando conduzcan a lo que de estas se espera; la falla para obtener los resultados que una persona anticipaba de la aplicación de una cierta doctrina hará que tal doctrina le parezca falsa. El budismo pragmático es exclusivamente personal y práctico.

Con mucha elocuencia, el Buda transmite el mensaje de la experiencia directa a sus contemporáneos en un texto que los eruditos comúnmente denominan "la declaración de la libre indagación", uno de los discursos más conocidos de la literatura budista[3]: "No se guíen por aquello que han escuchado muchas veces; ni por la tradición, los rumores o ciertas escrituras; ni por las especulaciones, las inferencias o los razonamientos de terceros; ni por el hecho de que cierto mensaje es de algún maestro reconocido. Solo cuando ustedes sepan por ustedes mismos que algunas prácticas son beneficiosas y que, cuando se siguen, conducen al bienestar y a la armonía interior, solo entonces ustedes deben imitarlas y utilizarlas".

---

3   *Anguttara Nikaya 3.65: Kalama Sutta: A los Kalamas.*

Capítulo 1
Armonía interior

El estado ideal

La armonía interior es un estado interno que nos permite estar en paz y actuar con confianza aun cuando enfrentamos dificultades. La armonía interior no es estar de buen humor todo el tiempo; tampoco significa que se nos acaben los problemas o dejemos de experimentar las emociones asociadas con ellos. La armonía interior no es ni una cara permanentemente sonriente, ni la exhibición constante de una postura optimista. La armonía interior es más bien una uniformidad de la mente que, cuando surgen problemas, impulsa nuestras habilidades hacia acciones correctivas —cuando las hay— o nos somete serenamente a la aceptación de la realidad, si los problemas en verdad no tienen solución.

La armonía interior es un estado provechoso de ser —el estado ideal— donde la mayoría de los seres humanos quisiéramos permanecer. Cuando estamos disfrutando de la armonía interior, vivimos bien. La paradoja es, sin embargo, que no podemos movernos a tal estado tan halagüeño directamente. No es posible seguir una serie específica de pasos o unas recomendaciones precisas que nos lleven allí. No podemos producir armonía interior siguiendo recomendaciones como si preparáramos una receta.

La armonía interior es más el resultado espontáneo de una forma de vida que una meta planeada y planificada. La gente puede buscar cosas como dinero, amigos o títulos académicos. Estas actividades, aunque pueden traer éxito, no necesariamente conducen a la armonía interior. Aunque la armonía interior es muy diferente al éxito, las dos cualidades no se excluyen entre sí. Las personas que disfrutan de la armonía interior pueden ser exitosas —pueden tener dinero, amigos y grados universitarios— pero esas cosas les vienen naturalmente y no hay frustración si no les llegan. Ante los ojos de los demás, tales personas tienen éxito; para ellos mismos, están siempre en paz con lo que sucede en sus vidas. La armonía interior, que es personal e íntima, no puede venir de afuera. Eso la haría armonía exterior.

No debemos buscar la armonía interior. Cuando la perseguimos, la estamos perdiendo. Esta paradoja nos lleva a un gran desafío: si no buscamos la armonía interior, ¿cómo podemos llegar a experimentarla? ¿Cómo podemos satisfacer un anhelo que no debemos perseguir? La respuesta es tan simple como difícil de poner en acción. En lugar de correr detrás de la armonía interior, tenemos que dirigir nuestras acciones hacia todo aquello que la perturbe. La armonía interior es un estado natural del cual *algo* nos aleja y al que volvemos tan pronto como logramos liberarnos de ese *algo*.

Una opresión en el corazón

El efecto perturbador —el *algo* mencionado en el párrafo anterior— que estropea la armonía interior es ese dúo dañino conformado por la ansiedad y el estrés. A lo largo de este libro reunimos estas impopulares palabras en una sola referencia que denominamos ansiedad-y-estrés, de la misma forma que nos referimos a los pros-y-contras de varias alternativas para hablar de las ventajas y desventajas de cada una de ellas.

Definida por separado, la ansiedad es la inquietud semipermanente de la mente por un evento inminente o anticipado. El estrés, por su parte, es el estado mental resultante de la combinación de factores físicos, laborales, sociales o financieros que tienden a alterar el equilibrio. En el vocabulario de este libro, las dos palabras juntas representan lo que el Buda denomina *sufrimiento*, el mal que él quiso acabarle a la humanidad. La eliminación de este sufrimiento es el camino —el enfoque, la estrategia— para alcanzar la armonía interior.

Hay muchas traducciones sugeridas para la palabra budista[4] equivalente a sufrimiento[5], tales como angustia, ansiedad, desesperación, tristeza, aflicción y estrés. Los eruditos budistas afirman que ninguno de tales sustantivos es preciso. Al igual que la ansiedad y el estrés en sus significados separados, el sufrimiento budista es también predominantemente un evento mental.

El sufrimiento budista abarca todos los sustantivos enumerados arriba pero va más allá de ellos. El sufrimiento cubre la incertidumbre y la dificultad que caracterizan todas las actividades de la vida. Puesto que nunca podemos estar completamente seguros del resultado de un evento o una acción, somos propensos a experimentar ansiedad y estrés. Con esta extensión, el sufrimiento incluye el nerviosismo y la aprehensión involucrados incluso en aquellas actividades que por su propia naturaleza son o deberían ser agradables o interesantes.

Todos sabemos por experiencia propia que algunas situaciones positivas y favorables, como una nueva asignación de trabajo, los preparativos para una celebración, o el cuidado y la preservación de una relación romántica, generan cierto nivel de preocupación que puede llevar a momentos angustiosos y difíciles. Sin embargo, a pesar de ser un sufrimiento aceptable, nadie diría que la incertidumbre del nuevo trabajo con sus nuevas responsabilidades, los preparativos agotadores de una fiesta grande, o el encanto de un romance amoroso son acontecimientos negativos.

El sufrimiento incluye una amplia variedad de cargas mentales. Una historia del budismo zen describe un buen ejemplo de tales cargas. El relato, que tiene numerosas versiones, dice así: "En una larga caminata de peregrinación dos monjes zen llegan a algún sitio empantanado donde una bella joven no se atreve a cruzar por

---

4 **Palabra budista**: Pali, un idioma antiguo de la India, es el lenguaje en el cual está escrito el Canon Pali. Por esta razón, este libro utiliza la expresión *palabra o vocablo budista* como equivalente a *palabra o vocablo pali*.

5 **Glosario**: El apéndice 1 contiene las definiciones de los términos específicos del budismo y la psicología, así como el uso dado a algunas palabras. Para los términos budistas, este apéndice también muestra la palabra en idioma pali.

temor a ensuciar su traje de seda. El monje de mayor edad, sin pensarlo dos veces, levanta a la mujer en sus brazos y la baja tan pronto llega a la otra orilla. Tras varias horas de caminar, sin pronunciar palabra alguna, el monje más joven rompe su silencio: '¿Cómo se atrevió usted a tocar a esa mujer tan hermosa?'. 'Yo la solté tan pronto crucé el pantano' —respondió el monje veterano—. Usted todavía la lleva cargada".

La ira del joven no es otra cosa que sufrimiento. El estado mental que el Buda llama sufrimiento viene de desear lo que nos falta (¿el joven monje quería cargar él mismo a la mujer?) o de rechazar lo que nos rodea (¿era en realidad la conducta de su compañero lo que lo enfurecía?). En cualquier caso, la armonía interior del monje joven estaba perturbada; él estaba sufriendo innecesariamente.

Ajahn Maha Bua, un monje budista tailandés, proporciona una graciosa visión sobre el significado de ansiedad y estrés en una breve metáfora: "El sufrimiento es cualquier cosa que nos oprime el corazón". La lista de los problemas que eventualmente oprimen el corazón es, en verdad, larga.

La palabra compuesta ansiedad-y-estrés refleja muy bien el significado del sufrimiento (budista). Este libro emplea indistintamente cualquiera de las dos expresiones para referirse al mismo problema. Aunque ansiedad y estrés son más precisas, el uso de sufrimiento, al ser una sola palabra, resulta más sucinto. De todas formas, independientemente de la palabra utilizada, si esperamos que el sufrimiento desaparezca, tenemos que saber con exactitud qué es y cómo se origina. Algunos relatos o frases del mismo Buda resultarán más útiles que cualquier diccionario para la intención de explicar el vocablo. ¿Quién podría aclarar mejor este asunto que el primer pensador de la historia que identificó el sufrimiento como el problema fundamental de la humanidad?

Segundas flechas

A lo largo de sus muchos años de prédica, el Buda habla de sufrimiento. En el siguiente discurso, el Sabio encapsula el significado del término con especial perspicacia, a través de una comparación con lo que él denomina las segundas flechas[6]:

Tanto los individuos ofuscados como los ecuánimes atraviesan situaciones difíciles. Sin embargo, unos y otros experimentan tales dificultades de manera diferente. Las personas perturbables, cuando se enfrentan a sus problemas, primero se contrarían, como era de esperarse, y luego se afligen, se angustian y obsesionan con lo que les ha sucedido. Al comienzo ellos experimentan los efectos inmediatos del problema y luego pasan a un estado incesante de ansiedad y estrés. Es como si una flecha los punzara, haciéndoles sufrir al comienzo, y después una segunda flecha como salida de la nada se les clavara, haciéndoles sufrir de forma ahora persistente.

Por otra parte, cuando las personas ecuánimes con armonía interior se enfrentan a dificultades, también se contrarían, como era de esperarse, pero se centran en la experiencia misma. Ellas reciben y manejan una sola flecha. Los ecuánimes no se afligen ni se angustian ni se obsesionan con lo que les ha sucedido. Tras reconocer la primera flecha, ellos ajustan lo que se pueda corregir. Las segundas flechas no hieren a las personas con armonía interior y por ello no son esclavizadas por el sufrimiento.

Las primeras flechas golpean constantemente a todo el mundo. Cosas malas nos suceden a todos y a menudo. Todos nos lastimamos, tenemos accidentes, perdemos dinero, nos quedamos sin trabajo o tenemos amigos desleales. Las primeras flechas son reales, sentimos sus punzadas y no siempre podemos evadirlas. Las segundas flechas, por otra parte, se engendran en nuestras cabezas y allí *se pasan a vivir*. Las segundas flechas son el enemigo

---

6   *Samyutta Nikaya 36.6. Sallatha Sutta: The arrow.*

—el sufrimiento— que queremos y necesitamos eliminar o, por lo menos, disminuir o restringir.

Las segundas flechas son el sufrimiento de los pensamientos obsesivos: "Si no hubiera hecho eso; debería haber conducido más despacio; ese maldito ladrón sigue libre allá afuera; mi jefe me humilló; mi amigo habló mal de mí...". Tales pensamientos parece que adquirieran vida propia, asumiendo el control de nuestra cabeza y perturbando tanto las horas que estamos despiertos como las que deberíamos estar durmiendo.

Para empeorar las cosas, es posible que nos caigan numerosas segundas flechas, como oleadas de visitantes indeseables que toman posesión de nuestra mente. Las segundas flechas no solo provienen de recuerdos ingratos que no podemos soltar; también incluyen lo que no tenemos pero que sí ambicionamos, y lo que sí poseemos o que nos rodea, pero que no nos gusta y quisiéramos apartarlo de nuestra vista.

Las primeras flechas, lo repetimos, son normales. Resultan de las interacciones reales con personas reales, o de acontecimientos imprevistos. Las segundas flechas son imaginarias e infundadas, pues provienen de los revoloteos de pensamientos y recuerdos dentro de la propia mente. Por ejemplo, la posibilidad de adquirir algo que consideramos atractivo o de mudarnos a un barrio diferente y más agradable son aspiraciones normales. La búsqueda de algo diferente, con su afán natural, es una primera flecha razonable. Por otro lado, la obsesión compulsiva por el cambio ambicionado con ansia extrema es, sin lugar a dudas, una segunda flecha perjudicial.

El sufrimiento se manifiesta como una amplia gama de acontecimientos mentales, desde simples preocupaciones imaginarias, pasando por depresiones y bajas de la moral, hasta la más aguda y perniciosa amargura. La intensidad del sufrimiento se aumenta —desde las preocupaciones simples hasta las aflicciones más intensas— cuando la mente no puede liberarse de los acontecimientos adversos ni de los pensamientos obsesivos, y da vueltas sin cesar alrededor de ellos.

El Buda es muy específico en su definición de ansiedad-y-estrés, que aparece en lo que los textos budistas comúnmente denominan la verdad del sufrimiento[7]. La verdad del sufrimiento, la primera de cuatro declaraciones que constituyen el resumen de las enseñanzas del Buda[8], expresa: "Desde el nacimiento, pasando por el envejecimiento y la enfermedad, hasta llegar a la muerte, enfrentamos permanentemente el sufrimiento. La asociación con lo desagradable conduce al sufrimiento; la separación de lo agradable conduce al sufrimiento; no recibir lo que queremos conduce al sufrimiento; conseguir lo que no queremos lleva al sufrimiento".

El sufrimiento como sentimiento

¿Es el sufrimiento una emoción o, más bien, un sentimiento? Hay una sutil diferencia entre emociones y sentimientos. Mientras que las emociones son las reacciones del cuerpo a ciertos estímulos externos o internos, los sentimientos son las percepciones

---

7   **La vida no es sufrimiento**: La primera verdad establece la realidad —la existencia— de la ansiedad y el estrés. Esto no significa, sin embargo, que la vida es sufrimiento, como afirman algunos antagonistas del budismo. Esta interpretación asigna una postura pesimista a las enseñanzas del Sabio. Tal posición es incorrecta. Según el Buda, el hombre se enfrenta a situaciones duras en todo momento, pero es su decisión tomar acción y manejar sus estados mentales. Esta capacidad para eliminar el sufrimiento es lo que lo hace opcional. El Buda sí dijo: "Es difícil el transcurrir de la vida como ser humano", lo que significa que la vida es inevitablemente difícil (*Khuddaka Nikaya: Dhammapada 182: El camino de las enseñanzas 182*). Cuando hay problemas, la posibilidad de sufrir es siempre real. No hay duda de que el sufrimiento sí está asociado con tal dificultad.

8   **Las cuatro verdades nobles**: Las cuatro verdades o declaraciones, aceptadas por todas las escuelas del budismo como las cuatro verdades nobles, son la esencia de las enseñanzas del Buda. La palabra *noble* refiere al adjetivo *ario* del idioma pali, por asociación con la raza aria (o indoeuropea) que llegó a India alrededor de quince siglos antes del nacimiento del Buda. Dado que *noble* no añade ningún sentido o significado a las verdades, tal adjetivo no se usa en este libro. La primera declaración es la verdad del sufrimiento; la segunda, la verdad del origen del sufrimiento; la tercera, la verdad de la armonía interior y, la última, el camino por seguir hacia la cesación del sufrimiento. Las cuatro verdades fueron presentadas por Buda en su primer discurso, cuyo texto es parte del discurso *Samyutta Nikaya 56.11: Dhammacakkappavattana Sutta: Poniendo en movimiento la rueda de la verdad*.

del cerebro de tales reacciones[9]. El sufrimiento es un sentimiento; más específicamente, es un sentimiento de trasfondo[10], una mezcla de recuerdos emotivos. Algunas definiciones son pertinentes para explicar este tema, que será cubierto después.

Las emociones mejor reconocidas, aquellas que ocurren inmediatamente después de un estímulo y sin intervención alguna de la razón, son pocas —alegría, miedo, ira, disgusto, tristeza y sorpresa— y se conocen como emociones primarias. Las reacciones del cuerpo a cada emoción son bastante específicas, aunque pueden cambiar de persona a persona y, para el mismo individuo, de una situación a otra. Las reacciones típicas al miedo incluyen corazón acelerado, respiración rápida, piel pálida y contracción muscular, entre otras. Las respuestas a la ira se pueden manifestar en puños cerrados, sudoración, exhibición de los dientes, enrojecimiento de la piel, aumento del tono de la voz o tensión muscular.

Los sentimientos, por el contrario, son la grabación y el procesamiento que hace el cerebro cuando detecta las reacciones emocionales del cuerpo. Solo cuando el cerebro registra el corazón acelerado, la respiración rápida y otros síntomas, experimentamos la sensación de miedo. Solo cuando el cerebro nota que estamos apretando los puños, sudando y demás manifestaciones, nos hacemos conscientes de que estamos enojados.

Como veremos más adelante, esta distinción es crucial para entender el funcionamiento de la meditación. La diferencia, sin embargo, puede ser difícil de asimilar porque muchos sentimientos comparten el nombre de la emoción de la cual se originan, y las emociones pueden variar en contenido e intensidad. Además, como los sentimientos no siempre provienen de las emociones y es

---

9   Damasio, Antonio. *The Feeling of What Happens: Body and Emotions in the Making of Consciousness*. Nueva York: Harcourt, Inc., 1999.

10 **Sentimiento de trasfondo**: *Background feelings*, en inglés, es la expresión que utiliza el doctor Antonio Damasio.

posible experimentar sentimientos encontrados, los diccionarios tienen más palabras para los sentimientos que para las emociones. Algunos ejemplos pueden contribuir a la claridad. Las emociones primarias, como la ira y el disgusto, conducen a sentimientos con nombres similares. Sin embargo, a manera de ejemplos, la emoción de la alegría puede producir sentimientos de entusiasmo, emoción u optimismo; la emoción del miedo puede preceder a sentimientos de pánico, nerviosismo o ansiedad; la emoción de la ira puede generar sentimientos de rabia, hostilidad o desprecio. También hay sentimientos de trasfondo (que se discuten a continuación) que incluyen estados mentales como tensión, relajación o desequilibrio. Lo importante aquí es que las reacciones emocionales ocurren en el cuerpo y los sentimientos son percibidos por el cerebro.

Aunque son casi simultáneas, las emociones preceden a los sentimientos. No somos conscientes de las emociones, pero sí somos conscientes de los sentimientos. Los sentimientos son la experiencia privada y mental de una emoción. Las emociones son colecciones de respuestas a estímulos, muchos de los cuales son públicamente observables. Los sentimientos son característicos de los seres humanos, a diferencia de los animales que no los experimentan. Por otra parte, los animales sí sienten emociones; todos hemos presenciado perros enojados y gatos asustados, pero ellos no son conscientes de su enojo o su miedo.

Algunas emociones y sentimientos provienen de sensaciones, naturales o incidentales, perseguidas o inesperadas. En muchas situaciones, dependiendo de la intensidad, el tipo y la fuente de una sensación, el cerebro la procesa directamente y no hay emoción entre las sensaciones y los sentimientos. En cualquier caso, las sensaciones agradables pueden generar sentimientos positivos como alegría, gratificación o euforia; las sensaciones dolorosas conducen a sentimientos negativos como angustia, rabia o molestia. Por ejemplo, un cosquilleo suave produce una sensación de euforia, mientras que quemarse una mano, una sensación de molestia.

Los sentimientos también surgen con reminiscencias de eventos que en su momento tuvieron contenido emocional. El cerebro recrea estos eventos pasados y le dice al cuerpo que reproduzca las reacciones corporales relacionadas; algunas personas llegan a molestarse con tan solo recordar momentos desagradables. Las señales de estas reacciones vuelven al cerebro y se convierten en sentimientos de tristeza, alegría o frustración.

Las emociones negativas y los sentimientos asociados con ellas son las primeras flechas. Los sentimientos negativos que siguen revoloteando en nuestras cabezas, con los *inseparables* malos recuerdos, son las segundas flechas. El sufrimiento no es un solo sentimiento aislado sino un sentimiento de trasfondo. Los sentimientos de trasfondo son mezclas de recuerdos emocionales y señales sensoriales que producen el tono general de la vida.

El sufrimiento se manifiesta de manera diferente de un individuo a otro y, en la misma persona, de un día para otro. Las víctimas del sufrimiento tienden a negar, ocultar o ignorar sus angustias. Mientras que otras personas detectan fácilmente sus malas conductas (tales como avaricia, arrogancia o agresión), los *sufridores* consideran tales situaciones como normales, aceptables o circunstanciales.

Los sentimientos de trasfondo oscurecen o iluminan la existencia y se manifiestan en dúos opuestos: tensión o relajación, desequilibrio o equilibrio, inestabilidad o estabilidad, fatiga o energía. El sufrimiento, como ya se mencionó, es un sentimiento de trasfondo, caracterizado por tensión, desequilibrio, inestabilidad y fatiga —los lados negativos de los dúos opuestos— y hace eco de una combinación de señales sensoriales desagradables, malos recuerdos y emociones negativas.

Por separado, la ansiedad y el estrés, las dos palabras que este libro reúne para referirse al sufrimiento, son sentimientos que no vienen de un solo evento o emoción. Todos los experimentamos en un momento u otro. Solo cuando son crónicos, la ansiedad y el estrés se convierten en sentimientos de trasfondo.

Ausencia de ruido

Si no podemos buscar la armonía interior, si no podemos aproximarnos directamente a ella, entonces ¿qué debemos hacer para permitir que la armonía interior nos encuentre? Para llegar a una respuesta, comparemos la armonía interior con el silencio. Ambos provienen de la ausencia de ciertas interrupciones, en vez de ser el resultado de acciones específicas. Si hay ruido en el ambiente y anhelamos tranquilidad, actuamos sobre las fuentes de los sonidos desesperantes: apagamos los altavoces, acallamos a los bulliciosos, aquietamos los movimientos alborotadores... En el instante mismo en que las fuentes de ruido se controlan, el silencio ocurre.

Del mismo modo, no podemos diseñar o producir armonía interior; no existen instrucciones para armarla o construirla. Si deseamos experimentar armonía interior, debemos trabajar en las fuentes del ruido mental, esto es, tenemos que atacar y destruir las raíces de la ansiedad y el estrés. Pero ¿cuáles son esas raíces? Las fuentes de la ansiedad y el estrés —el origen de la bulla que perturba el silencio— son los deseos desordenados y las aversiones. Los deseos intensos y las aversiones son como altavoces cuyas estridencias rompen la armonía interior; hay que apagar los altavoces si queremos detener el ruido. Cuando erradicamos los deseos intensos y las aversiones, el sufrimiento que están produciendo desaparece y la armonía interior florece.

El sufrimiento y la armonía interior corren en direcciones opuestas; mientras más ansiedad y estrés experimentamos, menos disfrutamos de armonía interior. Los deseos intensos y las aversiones son el enemigo; el cuerpo y la mente son el ejército para derrotarlos. Un antiguo libro chino de la guerra[11] afirma que debemos conocer tanto al enemigo como a la milicia bajo nuestro mando, si queremos triunfar en la guerra. Por lo tanto, tenemos

---

11   Sun Tzu (Griffith, Samuel B., traductor). *The Art of War*. Oxford: Oxford University Press, 2005.

que entender los deseos intensos y las aversiones —nuestro enemigo— y el cuerpo y la mente —nuestro ejército—.

Este texto antiguo también dice que la suprema excelencia es apoderarse del enemigo sin batallas. El combate contra los deseos y las aversiones debe adherirse a este estilo pasivo. En la batalla, derrotaremos al enemigo más a través de restricciones y pasividades que de acciones y agresividades. La armonía interior es el sabor perdurable de la victoria durante todo el tiempo que tenemos los deseos intensos y las aversiones bajo control.

Capítulo 2
Deseos intensos y aversiones

Placer, necesidad y apetito

El placer es la sensación de deleite o alegría. La necesidad es la suma de los requerimientos que resultan indispensables para vivir, en general, y para vivir bien, en particular. El apetito es el impulso instintivo para satisfacer tales requerimientos.

La definición de placer es un tanto redundante pues todos hemos experimentado sensaciones placenteras. Las experiencias agradables son similares, cuando no iguales, en las sensaciones desde el tacto, el olfato y el gusto, puesto que todos percibimos los contactos, los olores y los sabores más o menos de la misma manera. Por otra parte, el grado de placer proveniente de las percepciones visuales (una obra de arte), auditivas (una interpretación musical) o mentales (un recuerdo grato), depende de influencias subjetivas y culturales. En consecuencia, el nivel de agrado varía considerablemente de una persona a otra.

A pesar de las diferencias, el procesamiento del placer es similar en todas las personas y la experiencia placentera tiende a crear impulsos hacia la repetición de los eventos que causaron el deleite. El placer y el apetito son eslabones fundamentales en la evolución por selección natural que impulsan a los miembros de las especies superiores hacia acciones que favorecen la preservación de su propia vida y la permanencia de sus correspondientes especies. Cuando los animales tienen necesidad de carbohidratos, proteínas o grasas para su supervivencia, desarrollan apetito por alimentos que contengan tales nutrientes. La satisfacción de esa necesidad (nutrientes) les produce placer.

Estos tres acontecimientos —aparición de las necesidades o requerimientos, satisfacción del apetito, experiencia del placer— son un círculo virtuoso natural, de lenta repetición, que genera bienestar.

En los mamíferos, que incluyen a la especie humana, la necesidad de perpetuar la especie despierta el apetito por el placer sexual, un importante motor de la reproducción. El apetito sexual y el placer sexual son tan naturales como el apetito alimentario y su gratificación; la secuencia de acontecimientos en los dos círculos —necesidad, apetito, placer— es similar. Hemos heredado estos mecanismos de nuestros antepasados mamíferos.

Una de las maravillas en los seres humanos es que la misma búsqueda de la satisfacción de los apetitos es engañosamente placentera. Por eso disfrutamos de las aventuras de la caza y de las penas del amor, inclusive cuando no se completa la satisfacción de la necesidad biológicamente asociada (almuerzo de la pieza cazada o sexo en el romance). En otras palabras, la experiencia agradable comienza, de alguna manera, cuando surgen los deseos. La selección natural funcionó de tal forma que logró que nuestros antepasados remotos no se rindieran fácilmente en sus pretensiones e insistieran con constancia para asegurar la supervivencia.

Dolor, amenazas y miedos

El dolor es una sensación angustiosa proveniente de eventos que afectan negativamente el cuerpo de los animales. Después de que el cuerpo experimenta una sensación dolorosa por primera vez, el cerebro registra el agente o las circunstancias que causaron tal dolor como una amenaza y programa una señal de alarma asociada con tal peligro —esa bestia tiene hambre, ese río es torrencial—.

Más tarde, cuando el mismo animal enfrenta condiciones similares a las que originalmente le causaron daño, la alarma suena y su cerebro reconoce la amenaza. El animal experimenta entonces el miedo programado y, sabiendo que debe actuar para evitar la repetición del dolor, decide rápidamente si debe enfrentar el problema o huir del mismo. Las experiencias así acumuladas contribuyen a la construcción de las estrategias futuras de lucha o fuga.

Al igual que en el círculo virtuoso asociado a los requerimientos, los apetitos y el placer, el reconocimiento de las amenazas, el surgimiento del miedo y la evasión del dolor también conforman otro círculo virtuoso natural que se repite ante los peligros para enfrentar o evitar situaciones riesgosas y así prevenir daños o lesiones a la salud física. Los seres humanos también heredamos este segundo círculo virtuoso de los antepasados.

Así como el placer y los apetitos, el dolor y los miedos también son mecanismos de supervivencia que favorecen la preservación de vidas y especies: así, el dolor y los temores alejan a los animales de confrontaciones, situaciones o lugares peligrosos que ponen en riesgo su integridad física. Aunque el dolor y el placer trabajan en direcciones opuestas, operan de manera bastante similar en el sistema nervioso de los animales superiores.

La similitud de los mecanismos del placer y el dolor en el sistema nervioso podría explicar el disfrute que mucha gente aventurada experimenta en la práctica de actividades de alto riesgo como el manejo de autos a alta velocidad, las carreras en motos, el toreo y el alpinismo. Ambos mecanismos podrían compartir algunos circuitos nerviosos generando así una *confusión de señales* cuando se realizan actividades arriesgadas; el cerebro podría interpretar las amenazas y los miedos de tales actividades como un entretenimiento agradable[12].

Aunque los seres humanos adquirimos la mayoría de los miedos por experiencia directa, algunos de los pánicos, como por ejemplo el miedo a las serpientes y a las arañas, bien podrían ser naturales. Es probable que aquellos ancestros, tanto homínidos como humanos, que pudieron haber desarrollado miedos genéticos innatos hacia tales especies hubiesen tenido una clara ventaja de supervivencia. El miedo a la muerte también podría ser congénito en los seres humanos, pues es razonable especular que aquellos primitivos que no se asustaban ante peligros mayores

---

12 **Masoquismo**: La similitud en los mecanismos del placer y el dolor quizá podría explicar el extraño comportamiento de las personas masoquistas. El masoquismo es una anomalía caracterizada por la percepción de placer cuando el afectado es sometido a dolores o abusos.

tomaban más riesgos y morían demasiado jóvenes, sin haber aún engendrado herederos. Nuestros antepasados remotos, en consecuencia, fueron aquellos más cautelosos que evadieron las situaciones de riesgo para su integridad corporal, desarrollaron miedos a la desaparición física y, como resultado, vivieron más años y dejaron más descendencia.

La parte superior del árbol

A través de los tiempos, las especies que manejaron las necesidades biológicas y las amenazas físicas exitosa y consistentemente fueron las que sobrevivieron. El árbol de la vida se ramificó en millones de direcciones. Con frecuencia, una rama se marchitaba y caía —los dinosaurios constituyen el ejemplo más reconocido— pero nuevas bifurcaciones seguían apareciendo. Aunque la evolución de la vida se movía muy, muy lentamente, el árbol nunca dejó de crecer.

En el tope de esta gigantesca jerarquía vital de tres mil quinientos millones de años, allí estamos nosotros, el *Homo sapiens*. Para llegar a esa cumbre frondosa, el placer y los apetitos —por una parte— y el dolor y los miedos —por la otra— se convirtieron en los conductores que trazaron las direcciones casuales hacia las cuales el árbol crecería.

Por esto los apetitos y los miedos son rasgos normales de la naturaleza humana. Ambos tienen roles específicos que son fundamentales para la supervivencia; ambos sostienen o salvan vidas en todo momento. El placer y los apetitos proporcionan información para que el cerebro coordine la satisfacción de los requerimientos biológicos. El dolor y los miedos hacen un trabajo similar para que el mismo órgano ejerza el control de las amenazas a la integridad.

Las manifestaciones de los apetitos y de los miedos se originan u ocurren dentro de nosotros. Sin embargo, los agentes o los medios que satisfacen los requerimientos y los apetitos, así como también los agentes causantes de las amenazas y los temores, suelen venir del exterior, donde el cerebro carece de poder directo. Si queremos entender las necesidades y las amenazas, entonces debemos cubrir brevemente el funcionamiento del cerebro en lo que concierne a los apetitos y los temores. Es aquí donde en la vida diaria podemos tener mucha influencia y algún control.

Excitación e inhibición

Las neuronas son las células del sistema nervioso. Es a través de ellas como las diferentes partes del cuerpo se comunican entre sí. Los circuitos neuronales son conjuntos de neuronas que procesan tipos específicos de información y manejan trabajos especializados.

Las neuronas *conversan* a través de señales eléctricas y químicas. Cada neurona utiliza tales señales para influir en la actividad de una neurona o un circuito vecino. Esta influencia es excitadora, si amplifica o facilita la actividad del vecino, o inhibidora, si disminuye o suprime tal actividad.

Cuando ocurre por primera vez, cada tarea funcional aprendida o desarrollada —una pieza de conocimiento, una habilidad, una imagen, un recuerdo, una preferencia, una aversión, un estado emocional…— se guarda en un circuito neuronal. Un circuito neuronal es un grupo funcional de neuronas interconectadas. Cada actividad que realizamos y cada experiencia que vivimos son el resultado de las neuronas que se unen para formar circuitos neuronales.

La inhibición es tan importante como la excitación. La excitación envía órdenes de acción; la inhibición transmite impulsos de restricción. Cuando tenemos hambre, algunos circuitos excitadores nos hacen buscar comida. Cuando estamos llenos, un circuito inhibidor nos dice que paremos de comer. Del mismo modo, cuando detectamos una amenaza algunos circuitos excitadores generan señales de sobresalto (la frecuencia cardiaca sube, el ritmo respiratorio aumenta…) y tomamos alguna acción (enfrentamos la amenaza, nos escondemos, buscamos ayuda o huimos).

Cuando la amenaza está bajo control o desaparece, algún circuito inhibidor ordena la calma, el pánico se desvanece y nos relajamos.

En cada momento, la inhibición permite la ejecución de las órdenes de lo urgente generadas por los circuitos excitadores y suprime lo que es irrelevante. Esto significa que los circuitos inhibidores deben estar siempre alerta (encendidos permanentemente). La inhibición, sin embargo, es mucho más que un interruptor de encendido-apagado. El papel de los circuitos inhibidores va más allá de iniciar o detener una acción en el circuito excitador objetivo; los circuitos inhibidores también modulan (amplifican o reducen) la intensidad o el grado de la acción, de la misma manera que un botón de control en un dispositivo aumenta o disminuye el volumen de salida.

No es necesario comprender los detalles de la excitación y la inhibición. Lo importante, lo que debemos tener claro, es la existencia de mecanismos excitadores e inhibidores especializados en el sistema nervioso y la perfecta sincronía que estos deben mantener para que la vida funcione sin problemas.

Círculos virtuosos y viciosos

Si las cosas siempre funcionaran como la naturaleza las diseñó, todo el mundo dejaría de comer cuando estuviese lleno y nadie se sentiría amenazado por peligros imaginarios o inexistentes. ¿Por qué comemos en exceso o nos asustamos sin una causa justificable? Si tanto el placer y el apetito, como el dolor y el miedo son naturales, ¿por qué no siempre funcionan como la selección natural los diseñó?

Empecemos con la comida. Los apetitos, en su expresión básica, provienen de la necesidad vital de alimentarse; el placer, evolucionado por selección natural como acondicionador positivo, impulsa la satisfacción de tal necesidad. La experiencia gratificante de comer condicionó a los antepasados remotos (incluidos los predecesores de los mamíferos) a buscar y consumir alimentos.

Los humanos modernos obedecemos sumisamente a ese condicionamiento todos los días.

Los miedos normales operan de manera similar desde la dirección opuesta. Los temores son señales de amenazas, como depredadores, asaltantes o enfermedades, que pueden causar dolor. Sabemos que producen dolor porque lo hemos sentido directamente o lo hemos visto en otros. El registro en el cerebro de esos eventos del pasado desencadena tales temores. A través de los tiempos, el dolor evolucionó para hacer algo —pelear, huir o rendirse— cuando aparecen las amenazas.

El funcionamiento normal de los apetitos y los miedos corresponde al diseño correcto de la naturaleza. Cuando esto sucede, las necesidades (o requerimientos) —los apetitos y el placer, por un lado, y las amenazas, los temores y el dolor, por el otro— son círculos virtuosos. Estos círculos virtuosos han implantado una especie de control que detiene adecuadamente todo el proceso, cuando se ha completado, hasta un momento posterior en el cual una nueva necesidad se desarrolla o aparece una nueva amenaza. Desafortunadamente, el sistema nervioso recibe frecuentemente señales mixtas. Algunas vienen de nuestras propias decisiones equivocadas que reemplazan lo que el sistema nervioso haría por sí solo; otras las recibimos del medio ambiente.

En un extremo, elegimos comer más de esas porciones deliciosas y bien servidas, aunque ya hemos ingerido suficiente comida. Tal vez solo queremos que el estómago esté lleno en exceso porque estamos anticipando largas horas sin acceso a nuevas provisiones. Quizá, inconscientemente y sin parar, estamos poniendo porciones en la boca durante esa entretenida conversación, o algunos anuncios han sembrado en nosotros un impulso para devorar sin parar ese sabroso platillo.

Por otro lado, tal vez podemos prestar demasiada atención a falsas alarmas continuas o a advertencias repetitivas, e ir más allá de las precauciones razonables para evitar los daños, las agresiones o las enfermedades poco probables. Alternativamente, tal vez, no podemos olvidar la dolorosa experiencia que atravesamos el año pasado cuando estábamos justo en medio de esa catástrofe o apenas sobrevivimos a un accidente automovilístico. El solo pensamiento de que tales incidentes podrían repetirse asusta sobremanera.

Los circuitos inhibidores, confundidos por estos comportamientos o pensamientos, a menudo olvidan sus deberes y suspenden sus órdenes de control —deje de comer porque ya ha tenido suficiente, relájese porque el peligro ya pasó— a los circuitos excitadores asociados; en síntesis, el sistema de control normal deja de funcionar. La eficacia de los circuitos inhibidores se deteriora progresivamente y, en algún momento, el problema se vuelve crónico. Sin mecanismo alguno que vigile los apetitos, podemos seguir comiendo hasta cuando el cuerpo literalmente no pueda recibir bocado alguno adicional. Por su parte, con nada que contenga los miedos, cualquier insignificante pista de peligro o cualquier recuerdo desagradable desencadenan amenazas imaginarias a todo momento.

Cuando los mecanismos inhibidores comienzan a comportarse de manera indebida, o dejan de funcionar del todo, los círculos virtuosos controlados (necesidades-apetitos-placer y amenazas-temores-dolor) se convierten en círculos viciosos desbocados. No logramos saciar los apetitos, seguimos disfrutando del exceso de comida y la necesidad de cosas extras no parece calmarse nunca. Recíprocamente, tampoco logramos manejar algunos miedos y el simple recuerdo de las experiencias pasadas dolorosas o la aparición potencial de peligros imaginarios crean amenazas permanentes en la cabeza.

Con estos círculos viciosos al mando, los apetitos por el placer desplazan los apetitos por las necesidades biológicas reales, y el miedo al dolor reemplaza el miedo a las amenazas reales. Desafortunadamente, las dos parejas apetito-placer y miedo-dolor se convierten en los motores del comportamiento, y las necesidades y amenazas reales pasan a un papel secundario.

Cuando la inhibición funciona correctamente, experimentamos apetitos naturales por comida y sexo, y temores naturales por amenazas reales. Pero cuando los circuitos inhibidores se deterioran, los apetitos se convierten en deseos desordenados, esto es, anhelos descontrolados anormales, mientras que los temores se vuelven aversiones, sentimientos de fuerte rechazo o repugnancia hacia ciertas personas o cosas, con un notable deseo de evitarlas o apartarse de ellas.

Deseos y aversiones culturales

Las necesidades alimenticias y las amenazas físicas no son los únicos requerimientos o temores. En el camino hacia la modernidad que comenzó hace diez milenios, hemos abierto la puerta a todo tipo de nuevos apetitos y miedos, que a su vez se convierten en deseos intensos y en aversiones generadas desde afuera por la cultura.

El progreso continuo de la sociedad humana hacia mejores formas de vida ha desarrollado en nosotros nuevos tipos de necesidades de bienes y efectos tales como posesiones, poder, fama, reputación o pasatiempos. Con la aparición de estas necesidades, que no están relacionadas con la supervivencia inmediata, los seres humanos hemos aumentado sustancialmente el rol normal y original de los apetitos naturales.

Paralelamente a estas nuevas exigencias, nosotros —la raza humana— también comenzamos a experimentar nuevas experiencias de satisfacción, que ciertamente son diferentes del placer puramente fisiológico. La alegría que sentimos cuando recibimos un aumento de sueldo o una promoción en el trabajo, conseguimos una vivienda nueva u otro automóvil más moderno, recibimos un premio o un honor, o compramos el último aparato tecnológico, son ejemplos de estos deleites no biológicos.

La posibilidad de perder estos beneficios culturales una vez adquiridos o de no poder conseguir los ambicionados, sean posesiones, poder, fama, reputación o componentes adicionales para el pasatiempo de turno, también conduce a otro tipo de amenazas que tampoco tienen relación inmediata con la supervivencia.

Como si fuera poco, la pérdida real de tales conveniencias produce una especie de dolor que fácilmente asociamos con el posible dolor físico que acarrean las amenazas a la supervivencia. Además, los agentes que ponen en riesgo nuestras adquisiciones o apetitos artificiales (el jefe que nos odia, el competidor que nos supera, el antiguo amigo que nunca nos llama, el grupo social que nos excluye...) se convierten en los objetivos de nuestras aversiones.

Los apetitos y los placeres de la comida y el sexo, y los miedos y dolores que provienen de las amenazas físicas son el resultado de la evolución de las especies, como se discutió anteriormente. Los mismos parámetros, cuando están conectados con necesidades y amenazas artificiales, son el producto de la evolución de la civilización.

Los circuitos excitadores e inhibidores manejan estas necesidades y estas amenazas de la sociedad de una manera similar. También podríamos experimentar apetito por bienes excedentes y posesiones, líneas de autoridad, reconocimiento, logros o intereses de entretenimiento, al igual que temores por la posibilidad de perderlos. Luego, cuando los circuitos inhibidores se deterioran, tales apetitos peculiares se convierten inmediatamente en deseos intensos y tales temores extraños se transforman de inmediato en aversiones. No es sorprendente pues que estos deseos intensos y estas aversiones, ambos artificiales, también conduzcan a la ansiedad y al estrés, exactamente como sucede con los biológicos y, con frecuencia, a un ritmo más acelerado.

Condicionamientos mentales

Los deseos desordenados y las aversiones son condicionamientos mentales o formaciones condicionadas [13]. Estos condicionamientos

---

13 **Condicionamientos mentales o formaciones condicionadas**: Los condicionamientos mentales o formaciones condicionadas son una de las nociones más importantes en las enseñanzas del Buda. "Los *sankharas* son cooperaciones, cosas que actúan en concierto con otras cosas, o cosas que son hechas por una combinación

son todas aquellas rutinas de comportamiento, físicas o mentales, que aprendemos a lo largo de la vida, aunque primordialmente durante los primeros años. Después de adoptar o adquirir un condicionamiento mental, podemos ejecutar la reacción asociada solo unas cuantas veces o hacerlo repetidamente durante muchos años. El aprendizaje inicial puede ocurrir voluntariamente (elegimos adquirir la rutina) o involuntariamente (el aprendizaje simplemente sucede). Por ejemplo, aprendemos la letra de una canción repitiendo sus líneas con disciplina, o nuestra memoria retiene las palabras, sin esfuerzo consciente, tras escucharla varias veces.

Cada condicionamiento o formación mental es un circuito neuronal autoprogramado en el cerebro y corresponde a una rutina. El circuito neuronal activa los comportamientos asociados automáticamente con la aparición de ciertos estímulos que no identificamos necesariamente (cantamos una canción sin saber por qué) o deliberadamente como resultado de una decisión consciente (como cuando cantamos la canción en una fiesta).

Los hábitos son buenos ejemplos de condicionamientos mentales. Unas veces los programamos: la secuencia para vestirnos por la mañana, la hora y el lugar donde almorzamos... Otras veces ellos nos programan: la atracción de una pareja potencial que evoluciona hacia un vínculo amoroso después de algunos encuentros, o el sabor inicial raro de una comida que después se convierte en el plato favorito.

La repetición de una rutina la cambia de una elección deliberada a una reacción automática: cada vez que el estímulo externo hace clic, ejecutamos el comportamiento o la acción asociada mecánicamente. Así es como las personas se vuelven maestros en habilidades específicas como bailar, hacer malabares o tocar instrumentos musicales. Nuestro interés se centra

---

de otras cosas", dice Bhikkhu Bodhi, el monje y erudito budista norteamericano. (*Anicca Vata Sankhara*, por Bhikkhu Bodhi, www.accesstoinsight.org, 2005-2012, consultado el 23 de abril de 2012).

en los condicionamientos mentales automáticos, que nos llevan a acciones espontáneas, porque son las que dan forma y determinan el comportamiento regular. Dicho esto, la expresión condicionamientos mentales (y su sinónimo formaciones condicionadas) siempre se refiere a los hábitos automáticos.

El cerebro registra tanto los estímulos que inician cada condicionamiento mental como las respuestas asociadas a este. Los registros pueden asemejarse a manuales de instrucciones. Cuando vemos a esa persona deshonesta (estímulo), los músculos se contraen y quizá nos enojamos (respuesta); cuando olfateamos ese alimento (estímulo), la boca saliva y sentimos hambre (respuesta).

Las ciencias cognitivas aún no conocen los detalles de la forma como el sistema nervioso crea y administra la complejidad de los condicionamientos mentales. Los circuitos neuronales interactúan a través de conexiones asombrosas, aún no comprendidas, para generar nuevos circuitos neuronales de un nivel superior, junto con condicionamientos mentales progresivamente más elaborados que activan una variedad de respuestas ante una variedad de condiciones. La diversidad de combinaciones aumenta y, en paralelo, crece también la dificultad del tema. Para la comprensión de su relación con la ansiedad y el estrés, sin embargo, la simplificación del funcionamiento de los condicionamientos mentales, como se presenta en este capítulo, es suficiente (y, ojalá, convincente).

Los condicionamientos mentales no son buenos o malos, ni morales o inmorales; podemos sí decir que son saludables o dañinos. Los círculos virtuosos de necesidades legítimas-apetitos-placer y de amenazas legítimas-miedo-dolor son condicionamientos mentales saludables. Los círculos viciosos de necesidades falsas-codicia-placer y de amenazas imaginarias-pánico infundado-dolor psicológico son condicionamientos mentales dañinos. Como círculos viciosos, los deseos desordenados y las aversiones son condicionamientos perjudiciales; ellos son condicionamientos que generan necesidades anormales o amenazas falsas, y se activan automáticamente en respuesta a ciertos estímulos.

Los condicionamientos dañinos se manifiestan de muchas maneras y tienen muchas denominaciones. Los ejemplos incluyen gula (deseo innecesario de comer), avaricia (deseo innecesario de posesiones), arrogancia (deseo innecesario de prestigio), ira (aversión repentina innecesaria hacia alguien o algo), odio (aversión innecesaria continua) y resentimiento (aversión innecesaria continua hacia memorias consideradas ofensivas). Los adjetivos *innecesario* o *innecesaria* se agregan a propósito en todas las descripciones anteriores para enfatizar el carácter discrecional de todas estas conductas impropias.

Por otro lado, los condicionamientos mentales saludables aparecen a menudo en comportamientos que implican moderación, desprendimiento o ausencia de los mismos atributos u objetos que caracterizan los condicionamientos dañinos. La sobriedad (moderación de los anhelos), la mansedumbre (ausencia de orgullo) y la generosidad (desprendimiento de las posesiones) son ejemplos de condicionamientos saludables.

Todo condicionamiento mental implica sensaciones. No deseamos con intensidad los alimentos, las sustancias estimulantes o el sexo por lo que son en sí mismos; lo que buscamos son las sensaciones agradables que de ellos resultan. Del mismo modo, no sentimos aversión hacia una cierta persona, una cierta clase de evento o un cierto sitio. Lo que nos desagrada son las señales sensoriales desagradables o las emociones insoportables que sufrimos con tales personas o en tales circunstancias en algún momento pasado[14]. Esta conexión entre sensaciones y condicionamientos mentales será crucial más adelante al discutir la importancia de permanecer conscientes de nuestras sensaciones.

---

14 **Estímulo-respuesta**: Estímulo es una acción que genera una reacción en otra parte del organismo. Los condicionamientos mentales funcionan basados en el modelo estímulo-respuesta (placer-deseo de lo que lo produce, dolor-aversión hacia aquello que lo causa). Algunas formaciones condicionadas son directas y evidentes (como ocurre con la glotonería); otras son indirectas o confusas (como el fastidio a los amigos de los enemigos).

El origen del sufrimiento

Las manifestaciones recurrentes de los condicionamientos dañinos producen la mezcla de emociones, recuerdos emotivos y señales sensoriales que generan ansiedad-y-estrés; en síntesis, los deseos intensos y las aversiones son la raíz del sufrimiento. El sufrimiento es un sentimiento de trasfondo, la mezcla de emociones, recuerdos emotivos y señales sensoriales que producen el tono general de la vida.

Si nos imaginamos en cualquiera de los estados que provienen de los ejemplos de los condicionamientos nocivos descritos anteriormente, asociamos fácilmente la ansiedad y el estrés con todos ellos. Nos enfermamos (y nos engordamos) cuando comemos demasiado; la gente nos aísla cuando somos codiciosos, arrogantes o resentidos; nos volvemos detestables cuando odiamos; nos sentimos intranquilos (y podemos volvernos hipertensos) cuando nos enojamos con frecuencia.

Es interesante observar estos estados mentales a la luz de las historias y metáforas citadas anteriormente para describir el sufrimiento. La ira y el resentimiento son el sufrimiento del monje joven después de que el monje veterano llevó a la hermosa mujer al otro lado del río. Los resentimientos son los sentimientos duraderos de ansiedad y estrés que provienen de las segundas flechas que nunca deberían habernos pinchado. Y cada una de las manifestaciones de los condicionamientos dañinos —gula, avaricia, arrogancia, ira, odio— son opresiones en el corazón.

Los deseos intensos y las aversiones son, en resumen, las causas de la ansiedad y el estrés, esto es, del sufrimiento. El Buda afirma este hecho en lo que él denomina la verdad del origen del sufrimiento. Esta declaración, la segunda de sus cuatro reconocidas verdades, conecta los deseos desordenados y las aversiones con el sufrimiento mismo de la siguiente manera[15]: "El origen

---

15 **El origen del sufrimiento**: Manteniendo la esencia del mensaje, el texto de la segunda verdad, tal como se presenta en este libro, contiene algunas interpretaciones

de la ansiedad y el estrés son los deseos intensos y las aversiones. Los deseos intensos son la búsqueda desordenada de algo diferente de lo que ya tenemos o lo ya que somos, esto es, la búsqueda apasionada de placeres sensuales y la ambición de convertirnos en algo diferente a lo que ya somos. Las aversiones son intensas insatisfacciones con lo que nos rodea o lo que ahora tenemos, o con lo que actualmente somos".

La noción de condicionamientos mentales es extremadamente importante por dos razones relacionadas de manera muy estrecha. La primera, que acabamos de mencionar, es el vínculo íntimo entre los deseos intensos y las aversiones, por un lado, y el sufrimiento que queremos eliminar, por el otro. La segunda razón es el conjunto total de los condicionamientos mentales, tanto los saludables como los nocivos que moldean nuestro yo, nuestro sentido de identidad —el tema del próximo capítulo—.

El sentido de identidad, el yo total, cuenta con dos porciones que denominamos ego redundante y ser esencial. Tales porciones carecen de bordes o delimitaciones precisas, existiendo una gran zona gris entre ellas. De hecho, la mayoría de la información almacenada en el cerebro es parte de esa zona gris, donde se encuentran todos los datos e instrucciones de la vida corriente, que incluyen las habilidades generales o específicas, los registros de todo lo que sabemos y de la historia personal, y las miríadas de cosas que sabemos o podemos hacer pero que no generan condicionamientos que puedan causarnos sufrimiento.

---

extendidas que incluyen los deseos intensos y las aversiones como los orígenes de la ansiedad y el estrés. El discurso original del Buda, según varias traducciones del pali al inglés, se refiere solamente a los deseos desordenados. Sin embargo, las aversiones aparecen en otros discursos implicando que los deseos intensos y las aversiones están ambos en la raíz del sufrimiento. De la misma manera, las opiniones sesgadas también son causantes de ansiedad y estrés; debido a la forma como funcionan, las opiniones sesgadas pueden asimilarse a los deseos intensos. Esta extensión agrega las opiniones sesgadas a la lista de las causas del sufrimiento. Este alcance ampliado no está específicamente expresado en la redacción original de la segunda verdad.

Los condicionamientos mentales nocivos, que resultan de los deseos intensos y las aversiones, conforman la parte superflua y artificial —el ego redundante—. En el otro extremo se encuentra el ser esencial. Ambas palabras, *yo* y *ego*, comúnmente se refieren al sentido de identidad. *Ego*, sin embargo, tiene una connotación contrastante y más bien negativa, por lo cual este libro la utiliza en referencia a la porción excedente e innecesaria. En el aplacamiento de los condicionamientos dañinos, ocurre una atenuación del ego redundante. Las nociones de ser esencial y ego redundante se ampliarán en el capítulo 12.

El sentido de identidad es el producto de un código neuronal de una complejidad descomunal y enigmática. La complejidad de este extraordinario *software* mental que se autoejecuta, es decir, que no requiere de un usuario externo para que inicie y utilice su trabajo o de un operador independiente para que controle su ejecución o actualice sus rutinas, está muy por encima de la comprensión actual de la ciencia.

Capítulo 3
Cuerpo, cerebro y sentido de identidad

Cuerpo y cerebro

El cuerpo es la parte tangible y visible, la totalidad del material biológico (huesos, músculos, pulmones, corazón, uñas, cabello, dientes…). Nuestra fisiología se compone de una serie de sistemas orgánicos tales como el sistema respiratorio, el digestivo, el endocrino y el circulatorio. Aunque todos son importantísimos y críticos para la subsistencia, la porción que nos interesa ahora es el sistema nervioso, el ente coordinador de todo lo que somos y hacemos en la vida.

El sistema nervioso está compuesto por un sistema central, situado en la cabeza y la espalda, y millares de ramas periféricas, las rutas nerviosas, que llegan a todas las partes del cuerpo. El sistema nervioso central está conformado por el cerebro y la médula espinal. El cerebro, la unidad central de procesamiento de nuestro supersofisticado computador, controla todos los otros órganos del cuerpo. La médula espinal es el cable principal de distribución que une el cerebro con el sistema nervioso periférico. El sistema nervioso periférico se conoce comúnmente como los nervios. Las metáforas de la tecnología informática utilizadas para explicar el sistema nervioso son descriptivas y útiles, pero implican simplificaciones e imprecisiones considerables.

El cerebro contiene un número extremadamente grande de neuronas, las células del sistema nervioso. Las neuronas utilizan estructuras moleculares, denominadas sinapsis, para comunicarse con otras neuronas. Cada neurona puede intercambiar señales con unas cinco mil neuronas vecinas. El cerebro humano tiene miles de millones de neuronas que en conjunto representan billones de canales para posibles *conversaciones*. Sí, sin la menor duda y mucho más allá de la imaginación, las neuronas individuales y el cerebro como un todo son entidades muy, muy parlanchinas que, literalmente, nunca se quedan calladas.

El complejo electroquímico, como un todo, almacena el super-código neuronal que gestiona la totalidad de las actividades cotidianas y la cantidad descomunal de información necesaria para su ejecución. El vocabulario, las estructuras de comunicación, las imágenes, las instrucciones para cada tarea y cada habilidad... Todo lo que hemos aprendido, mucho de lo que hemos olvidado y todas las funciones mentales que podemos realizar son registros electroquímicos codificados en las neuronas y en los circuitos neuronales.

Este gran *software* no es estático. Siguiendo las instrucciones de los programas genéticos, el cerebro desarrolla permanentemente nuevas rutinas neuronales y nuevas bases de datos, como lo exigen las necesidades de supervivencia, las amenazas del ambiente, el estilo de vida y las preferencias y decisiones de cada cual.

En paralelo con el desarrollo de este gran número de instrucciones y el registro de una cantidad extraordinaria de datos, el cerebro también construye la porción más complicada de todas, el *software* neuronal del sentido de identidad. El sentido de identidad es la unión de ciertos agregados (el cuerpo, las sensaciones...) que conforman el yo. Cada condicionamiento o formación mental, aprendida a propósito o adoptada involuntariamente desde el momento del nacimiento es como un ladrillo en la gran estructura dinámica del yo, una rutina adicional en el gigantesco *software* neuronal.

El sentido de identidad es, de hecho, el dueño de todos los agregados que lo componen. El genoma es el creador del equipo físico y del *software* neuronal, y este *software* neuronal dirige y administra nuestra existencia.

Dos identidades

Los seres humanos vivimos en dos planos, bastante diferentes pero íntimamente relacionados: uno es material y muy tangible;

el otro es abstracto y muy sutil[16]. El plano material es el cuerpo, las características físicas, el *hardware*, por así decirlo. El plano abstracto es el yo, la identidad simbólica, el *software* que controla todo.

Un símbolo es algo que representa algo más o algo diferente (como una bandera representa un país), o que sugiere algo que no podemos representar directamente (como una *x* para referirse a una cantidad desconocida). Podemos tocar un computador portátil, pero no podemos palpar el *software* que se ejecuta en él (aunque es evidente cuando está inactivo o funcionando mal). Asimismo, debido a su naturaleza simbólica, no podemos imaginar ni tocar el yo.

Cuando miramos hacia afuera, percibimos a través de los ojos las individualidades físicas de otras personas, sus cuerpos. Sabemos de su existencia porque podemos verlos. Excepto en las situaciones extremas de comas profundos, comprendemos claramente cuándo otras personas han muerto y sus identidades, sus yos, han dejado de existir.

Cuando miramos hacia adentro, conocemos la individualidad física porque también podemos sentirla: vemos y sentimos el propio cuerpo con mucha más intensidad que los cuerpos de los demás. Además, el cerebro percibe el yo; la existencia del yo en otras personas solo es posible deducirla de las propias experiencias. Solo cada persona es y puede ser consciente de su propio ser. Cuando morimos, el cuerpo se desintegra y el yo desaparece. Después de la muerte, ya no hay conocedor ni conocido. No podemos ser conscientes de nuestra inexistencia: "pienso, luego soy", pero cuando ya no soy, no puedo creer, ni saber, ni sentir... Solo otras personas, no este escritor, podrán darse cuenta del momento cuando el suscrito deje de existir.

La individualidad física y el cuerpo son entidades equivalentes; tomamos retratos de nuestra cara, una parte de la individualidad

---

16   Becker, Ernest. *The Denial of Death*. Nueva York: Free Press Paperbags, 1973.

física, y las ponemos en los documentos de identificación. La identidad simbólica, por el contrario, reside en el cerebro. En la complejidad de todo el *software* neuronal del cerebro, las porciones que crean y procesan la experiencia de la individualidad —de la autoconsciencia— son las más difíciles de entender y concebir.

El cerebro (al igual que la cabeza donde este se encuentra) forma parte del cuerpo y es uno de sus muchos órganos. A pesar de la obvia redundancia en la frase anterior, es bastante común referirse al cuerpo como si no incluyera el cerebro (con frecuencia decimos *el cuerpo y la cabeza* o *el cuerpo y el cerebro*).

Experimentamos dolor en todo el cuerpo, exceptuando el cerebro, aunque este órgano es el procesador central de las señales de dolor. También sucede así en los animales vertebrados, pues el dolor no es una experiencia exclusiva de los seres humanos; todos los mamíferos (y posiblemente todos los vertebrados) experimentan dolor y así lo demuestran con la vehemencia de sus movimientos o sus *gritos* desesperados cuando el dolor es intenso.

Además del dolor, los seres humanos también experimentamos sufrimiento. El dolor y el sufrimiento a menudo se superponen el uno con el otro. El dolor genera sufrimiento, y este inicia o abre la puerta a enfermedades que se manifiestan ocasionando dolores.

El dolor se manifiesta a través del cuerpo. El territorio del dolor es la individualidad material y, bajo la dirección y el control del cerebro, el dolor sucede —se siente— en el cuerpo; el cerebro no duele[17]. El sufrimiento, por otra parte, es un evento mental y su territorio es el yo; como se dijo antes, el sufrimiento es un sentimiento de trasfondo y todos los sentimientos ocurren en el cerebro.

---

17 **Dolor y cerebro**: Los tejidos cerebrales no son sensibles al dolor porque carecen de los receptores correspondientes. Los dolores de cabeza provienen de perturbaciones en las estructuras sensoriales situadas alrededor del cerebro.

Agregados de la individualidad

¿Cómo se manifiesta el sentido de identidad? La respuesta del Buda es interesante. La certeza ilusoria de una identidad real, según el Sabio de la India, proviene de los cinco agregados que nos caracterizan como individuos y que se revelan a través de nuestros planos físicos y simbólicos. Estos cinco rasgos son: 1) el cuerpo, 2) las señales sensoriales, 3) las percepciones, 4) los condicionamientos mentales o formaciones condicionadas y, 5) la cognición.

Los agregados son manifestaciones de la individualidad. Individualidad es la colección de cualidades físicas, mentales y de comportamiento que proporcionan la sensación de ser sujetos únicos, claramente distinguibles de los demás. Los agregados no resultan de un maquinista que controla palancas o de un titiritero que maneja cuerdas; los agregados, no obstante, dependen unos de otros e intercoordinan sus funciones, al igual que los jugadores de un equipo deportivo. El prodigioso tejido y la prodigiosa coherencia de esta dependencia es lo que hace que cada persona perciba su sentido de identidad y lo que le permite hablar de *yo*, o referirse a *mí*, *mi* o *mío*. Si no fuera así, nos comportaríamos de manera muy similar a los otros antropoides [18].

El cuerpo, el primer agregado, coincide con la individualidad visible, que constituye el plano tangible. Los otros cuatro agregados se expresan a través del sistema nervioso que llega a todas las partes del cuerpo. Los agregados del segundo al quinto, aunque podemos estar conscientes de ellos, son invisibles e intocables;

---

18   **Sentido de identidad en los simios antropoides**: Hay mucha controversia sobre la presencia en algunos animales (como los antropoides, los elefantes, los delfines y los cuervos) de cierto grado de sentido de identidad. Las especies enumeradas entre paréntesis han "aprobado" la llamada "prueba del espejo", en la cual los ejemplares seleccionados prestan atención específica a puntos de color pintados en su cara, cuando los detectan en su imagen reflejada en el espejo. Tal respuesta significaría que ellos están reconociéndose a sí mismos. El nivel de identidad que la prueba captura es, en verdad, elemental y no existe consenso académico sobre la validez de esta evaluación. Los bebés humanos se reconocen en el espejo aproximadamente a los dieciocho meses.

ellos se componen de datos e instrucciones en el sistema nervioso y, al mismo tiempo, son los creadores del sentido de identidad.

Cuerpo o forma material: El primer agregado es la totalidad de las partes visibles y de los componentes internos. El cuerpo es la manifestación tangible y notoria de la individualidad. El cuerpo realiza todas las tareas evidentes (caminar, comer, hablar, mirar...) que el cerebro controla y administra.

Señales sensoriales: El segundo agregado son las señales nerviosas asociadas con los sentidos, bien sean los mensajes neuronales que resultan de los estímulos externos o de los internos. Los estímulos externos son señales ópticas, sonidos, contactos, sabores u olores, que recibimos a través de los ojos, oídos, piel, lengua o nariz. Los estímulos internos son tareas del cuerpo mismo (como las señales de los dolores internos o los movimientos del corazón) o acciones mentales (como pensamientos dirigidos, divagaciones mentales o evocaciones emocionales). Para el Buda, la mente es un sexto sentido cuyo órgano es el cerebro.

Las señales sensoriales se mueven mediante impulsos electroquímicos que bombardean permanentemente el cerebro o saltan dentro de este órgano. Las señales sensoriales de los sentidos *tradicionales* viajan desde las distintas partes del cuerpo (ojos, oídos, nariz, lengua, piel), a través de los nervios o la médula espinal, hasta llegar al cerebro. Las señales sensoriales de las actividades mentales ocurren directamente dentro del cerebro mismo.

Percepciones: El tercer agregado es el resultado de la evaluación y clasificación que el cerebro efectúa de cada una de las señales sensoriales. El sistema nervioso maneja constantemente señales sensoriales —muchos millones de impulsos electroquímicos que viajan a través del sistema nervioso hacia el cerebro o dentro de este—. Si el cerebro no ignorara la gran mayoría de estas incontables señales, su recepción y su procesamiento continuos resultarían abrumadores. Para manejar tal sobrecarga, el cerebro procesa *activamente* solo una pequeña minoría del volumen gigantesco de las señales sensoriales que pasan por la cabeza; es sobre esta fracción que el cerebro necesita, en verdad, tomar alguna acción. Las percepciones, el tercer agregado, son el resultado de esta selección superexigente de señales útiles.

La relación entre las señales sensoriales y las percepciones es similar a la de las emociones y los sentimientos. Las emociones ocurren como señales sensoriales en todo el cuerpo. Los sentimientos son percepciones y ocurren en el cerebro. Las reacciones emocionales del cuerpo (tono de voz, postura física, gestos…) a los diversos y numerosos estímulos generan señales sensoriales que viajan al cerebro. Cuando el cerebro las registra y las procesa, las emociones se convierten entonces en sentimientos.

Buscando simplicidad, este libro reserva la palabra sensaciones para la actividad combinada de señales sensoriales y percepciones. Cuando prestamos atención a una señal sensorial y la percibimos, entonces se convierte en una sensación. Ya hemos utilizado esta palabra con el significado consolidado cuando hablamos de sensaciones dolorosas o agradables.

Las sensaciones resultan de todo tipo de señales sensoriales; hay sensaciones ópticas, sensaciones acústicas, etc. Sin embargo, la palabra *sensación*, comúnmente, se refiere a las señales sensoriales que percibimos a través del sentido del tacto.

Condicionamientos mentales o formaciones condicionadas: El cuarto agregado ya fue comentado cuando los deseos intensos y las aversiones fueron presentadas como condicionamientos mentales. Los párrafos siguientes repasan brevemente esta importante noción. Los condicionamientos son reacciones neuronales que se activan con la aparición de estímulos específicos; sus programas, tanto los registros de los estímulos iniciales como las respuestas asociadas, residen en el cerebro. La codificación neuronal de los condicionamientos proviene de anteriores percepciones agradables o dolorosas. Cuando las señales originales producen sensaciones agradables, buscamos repetir, prolongar o intensificar tales acontecimientos; cuando producen sensaciones desagradables, queremos evitarlas o al menos reducirlas. Si nos gusta un cierto alimento, queremos consumirlo más; si no nos gusta una persona, preferimos mantenernos alejados de ella.

Los condicionamientos movilizan al cuerpo para que persiga las experiencias placenteras (deseos) o rechace las desagradables (aversiones). Los placeres y los dolores de un incidente son los generadores —los programadores— de los condicionamientos que se convertirán en la fuerza propulsora de las creencias y los comportamientos. Los condicionamientos son cualidades saludables vitales para la supervivencia (la comida sabe bien porque necesitamos comer; los objetos calientes nos queman, así que nos alejamos de ellos). Sin embargo, también pueden convertirse en defectos dañinos (tomamos bebidas alcohólicas porque nos suben el ánimo; odiamos a alguien porque esa persona nos lastimó).

Cognición: El quinto agregado es el proceso de conocer, comprender, juzgar y ser conscientes. Esto es la capacidad de ordenar y utilizar los conocimientos, habilidades y memorias a los que solo tiene acceso la persona misma. El quinto agregado es la bodega donde conservamos la biblioteca de todo lo que sabemos, creemos y somos, y los manuales de instrucciones para ejecutar todo lo que estamos en capacidad de hacer.

La consciencia de nuestra existencia e individualidad y la comprensión de lo que está dentro y fuera de nosotros son facultades del quinto agregado. La capacidad de estar conscientes es importante en la meditación como en la atención total.

Mente

Los cinco sentidos tradicionales reconocidos son la vista, el oído, el olfato, el gusto y el tacto; sus órganos asociados proporcionan señales sensoriales para la percepción, respectivamente: ojos, oídos, nariz, lengua y los receptores neuronales situados en varias partes del cuerpo, principalmente en la piel.

Ver es lo que hacen nuestros ojos y los ojos de los animales; oler es lo que hacen nuestra nariz y las narices de los animales; degustar es lo que hacen nuestra lengua y las lenguas de los animales... "La mente es lo que hace el cerebro", dice Steven Pinker[19]. La frase de este científico evolutivo norteamericano puede demarcarse aún más: La mente es lo que el cerebro hace y los cerebros de los animales no pueden hacer[20]. La mente es el complejo de elementos en el cerebro que siente, percibe, quiere, recuerda, razona y es consciente.

Sabemos que los seres humanos y los chimpancés comparten alrededor del noventa y seis por ciento de su código genético[21]. Las instrucciones genéticas que llevan a la mente y al yo deben residir entonces en el cuatro por ciento del código genético que el ADN humano posee y el ADN de los chimpancés no tiene. Esa es la pequeña gran diferencia.

El Buda considera la mente como un sexto sentido[22]. Puesto que la percepción ocurre en el cerebro, la noción de que la mente es un sentido implica que el cerebro es el generador de algunas señales sensoriales (pensamientos, divagaciones, recuerdos...) y, al mismo tiempo, el procesador de la percepción de tales

---

19 Pinker, Steven. *How the Mind Works.* Nueva York: W. W. Norton & Company, Inc., 1997.

20 **El asiento de la mente**: El encéfalo cuenta con tres estructuras: cerebro (que incluye la corteza cerebral), cerebelo y tronco encefálico. La frase de esta cita puede ser refinada: "La mente es lo que hace nuestra corteza cerebral, aquello que la corteza cerebral de otros mamíferos no puede hacer". Decir "La mente es lo que hace la corteza prefrontal..." es aún más exacto. La corteza prefrontal es el asiento de las funciones claves de la mente, tales como la consciencia, el pensamiento y el lenguaje. La diferencia sustancial en el peso total de los cerebros humanos y los cerebros de los simios antropoides reside en el peso de la corteza cerebral.

21 Lovgren, Stefan. "*Chimps, Humans 96 Percent the same, Gene Study Finds*": National Geographic, agosto 31 de 2005. Otras referencias muestran porcentajes similares. Independientemente de la cifra, el hecho real es que, genéticamente hablando, los humanos y los chimpancés son muy cercanos.

22 **El asiento de la mente en tiempos antiguos**: Según el budismo original, el corazón es el órgano de la mente. Varios filósofos griegos, incluso Aristóteles, concordaron en esta aseveración; los pensadores griegos, sin embargo, no consideraron que la mente fuera un sentido.

acontecimientos. Las señales de los otros sentidos, también procesadas por el cerebro, se originan en partes del cuerpo por fuera del propio cerebro (los ojos, los oídos, etc.).

Que la mente sea o no un sentido es un tema controversial y no hay acuerdo académico ni sobre la definición de la palabra *sentido* ni sobre el número de sentidos que el ser humano posee[23]. Sin embargo, la consideración de que la mente es un sentido y un producto de la evolución como los otros cinco sentidos, sí facilita la comprensión del origen material del yo[24].

En el ascenso de la vida, los cinco sentidos de aceptación común aparecieron muy lentamente, uno por uno; ellos precedieron por millones de años a la mente, un desarrollo relativamente reciente en la evolución. El primer sentido en aparecer en las entidades vivas rudimentarias fue el olfato[25]. Progresivamente, en una secuencia extremadamente lenta, las entidades vivientes podrían haber sido capaces de saborear, tocar, oír y ver. Luego, hace unos segundos en la línea de tiempo de la vida, los seres humanos aparecieron y fueron capaces de pensar y reconocer su existencia.

La mente, entre sus múltiples funciones, es la creadora y procesadora del yo. A través de millones de años, la consciencia es la recompensa evolutiva a una cualidad que favorece la supervivencia[26]. Podemos pensar fácilmente en dos simios antropoides re-

---

23 **Cinco sentidos**: La categorización de los cinco sentidos se atribuye a Aristóteles. El manejo del balance del cuerpo, de sus movimientos, del tiempo y de la temperatura, entre otras actividades, es otro de los candidatos por añadir a la lista estándar de sentidos.

24 **La mente como un sentido**: La consideración de la mente como un sentido, una categorización exclusiva del budismo, es holística y elimina la dicotomía cuerpo-mente. Esta integración también pone punto final a la división entre las enfermedades físicas y los trastornos mentales; cada enfermedad sería, por naturaleza, física en sus orígenes.

25 **El sentido más antiguo en la evolución**: Las plantas, que carecen de órganos sensoriales, se huelen entre sí. Los botánicos están haciendo progresos importantes en la comprensión del funcionamiento de este sentido primitivo. Chamovitz, Daniel. *"What a Plant Smells"*: *Scientific American,* Vol. 306, No. 5, mayo de 2012.

26 Damasio, Antonio. *"How the Brain Creates Mind"*: *Scientific American,* Vol. 12, No. 1, diciembre de 1999.

motos: uno con algunos indicios elementales de función mental, un poco de historia personal o una comprensión muy simple de la individualidad, y otro sin rastro de mente, memoria o sentido de identidad.

El primero, al enfrentarse a una cierta amenaza, no solo experimentó el miedo y tomó decisiones instintivas de lucha o huida, como lo haría cualquier mamífero, sino que también pudo recordar circunstancias similares anteriores y reproducir acciones que ya le habían resultado útiles. Las probabilidades de supervivencia de este primer mono antropoide fueron mayores que las del segundo; cualquier éxito de este último fue exclusivamente aleatorio[27].

Una vez que entendemos que la mente es un producto de la evolución por selección natural, estamos reconociendo en paralelo un origen similar para la identidad simbólica, su producto estrella. Por prodigiosa que sea, la identidad simbólica es una cualidad blanda de la mente, un programa que se ejecuta en alguna parte del cerebro.

Materialidad del yo

Para los seres humanos resulta difícil reconocer la naturaleza sutil —intangible, etérea, incorpórea— del propio yo. Percibimos el sentido de la identidad de manera tan palpable y tan clara que nos negamos a reconocerlo como un programa biológico o un *software* neuronal de naturaleza aún desconocida.

La individualidad física, el cuerpo visible y medible, es sustancia material que ocupa espacio y tiene masa. Por su parte, la identidad simbólica, el yo intangible e incuantificable, no tiene

---

27 **Antigüedad de la consciencia**: Las primeras manifestaciones de la consciencia en el transcurso de la evolución pudieron haber aparecido en antropoides remotos hace cinco o siete millones de años. Los chimpancés, que como especie tienen unos seis millones de años y comparten un ancestro común con los humanos, muestran comportamientos con expresiones superiores de consciencia, en comparación con otros mamíferos.

sustancia material: ningún átomo, ninguna unidad de energía. El yo, sin embargo, se origina de la materia en el cuerpo y en el cerebro. El yo, la impresión artificial de una entidad, es una pieza supercompleja de *software* neuronal que realiza su trabajo a través del cerebro, el asiento de la mente. El yo viene del cuerpo a través de su cerebro; el yo carece de materia y, sin embargo se origina en fenómenos materiales.

El yo da continuidad al comportamiento de cada individuo proporcionando un punto de referencia personal, que relaciona los acontecimientos del pasado (retenidos en la memoria) con las acciones del presente (percibido como el *ahora*) y los planes para el futuro (representados con anticipación e imaginación).

La materialidad es la característica de la existencia humana según la cual el yo es el resultado de algún *software* neuronal que se origina y opera desde el cerebro y se manifiesta a través del cuerpo.

La estabilidad percibida del yo se origina en los cinco agregados de la individualidad; ninguno de ellos es el yo, pero cada uno de ellos contribuye a la idea de una esencia sustancial. Las entidades simbólicas (como el yo) representan cosas colectivas, agregados de materiales que juntos se convierten en algo nuevo y diferente de los componentes originales. Por ejemplo, los ciudadanos de una región forman un país; los jugadores de algún deporte, cuando se unen, forman un equipo; un grupo de pájaros compone una bandada. El país, el equipo o la bandada son entidades diferentes, respectivamente, de los ciudadanos, los jugadores o las aves; las entidades colectivas, sin embargo, tienen comportamientos grupales que bien pueden ser diferentes de los individuales.

Dos metáforas adicionales podrían ayudar a visualizar el conjunto emergente de la sumatoria de entidades individuales. Una pila de troncos, como los que la gente coloca al pie de las chimeneas o de los hornos de madera, es diferente de las piezas individuales. Los troncos se van utilizando de acuerdo con las necesidades de energía o calor y unos nuevos reemplazan a los ya consumidos. No hay nada permanente en un montón de troncos y, sin embargo, el montón siempre será la *pila*. Del mismo modo, podemos pensar en los centros centenarios de educación. Ningún alumno de los que estudiaron allí en los comienzos de la institución existe hoy; no obstante, los estudiantes, maestros y empleados actuales, independientemente de los edificios que ocupen, siguen refiriéndose a *su* escuela, con su reconocido nombre, como si fuera una entidad perpetua.

De nuevo, ninguno de los agregados de la individualidad equivale al *yo*: ni el cuerpo (la individualidad material), ni los otros cuatro agregados (los componentes de la identidad simbólica) tomados de forma independiente o conjunta. No obstante, sentimos que somos entidades bien definidas, con documentos de identificación, que tenemos conocimientos, parientes, amores, odios y toda una variedad de cosas de las cuales somos dueños. Y si existen cosas poseídas, pues también tiene que haber entidades propietarias.

Para resumir, la materialidad del yo —la identidad simbólica que nos distingue a los seres humanos de otros seres vivos— se origina en los fenómenos materiales pero ella misma no es materia; el yo es código neuronal y no tiene necesidad de ninguna esencia inmaterial dentro, detrás o paralelo a la individualidad física. El yo es el producto sutil de unos procesos materiales[28].

Transitoriedad de la existencia humana

La transitoriedad es la naturaleza temporal y cambiante de todo lo existente, en general, y de los seres humanos, en particular. Sabemos que el cuerpo, el primer agregado de la individualidad que

---

28 **Materialidad de la existencia**: La característica de la materialidad establece la naturaleza física de todas las expresiones de la existencia humana. No existen entidades inmateriales o metafísicas dentro o fuera del cuerpo humano. Para los seres humanos resulta difícil comprender la naturaleza paradójica de la identidad física y la identidad simbólica. Sin embargo, existe un amplio acuerdo entre los científicos modernos —biólogos, neurólogos y genetistas— en que la vida y la consciencia son fenómenos materiales.

podemos tocar y ver, tuvo un comienzo y tendrá un final. Diariamente nacen más de trescientos cincuenta mil bebés (sí, fuimos uno) y mueren algo más de doscientas mil personas (sí, nos llegará el turno). También nos enteramos o presumimos de los nacimientos y de las muertes de miembros de otras especies.

La transitoriedad es evidente a todos los niveles. Sabemos que dentro del cuerpo nacen continuamente nuevas células que reemplazan a las que mueren. Incluso, las células que no son reemplazables (como la mayoría de las neuronas) tienen la capacidad de repararse y de regenerar porciones de sí mismas. Por lo tanto, la individualidad física cambia todo el tiempo (como lo muestra el espejo). Pero ¿qué pasa con el yo, con el sentido de identidad? ¿Es también transitorio?

El yo generalmente proporciona la continuidad de la identidad a la individualidad material, pero el yo, obviamente, no es la estructura física; no podemos igualar el yo con el cuerpo. Los pacientes de ciertos trastornos cerebrales graves, aunque poseen un cuerpo, carecen de un yo funcional que se pudiese considerar equivalente a la identidad simbólica de ese cuerpo.

Tampoco el yo es o coincide con ninguno de los otros cuatro agregados. Las señales sensoriales, las percepciones, los condicionamientos mentales y la cognición conforman la mente, el *software* humano que entre sus múltiples funciones, crea y administra la identidad simbólica. Pero no podemos asimilar el yo, algo abstracto e intangible, a todos o a algunos de estos cuatro agregados.

Si el *hardware* humano se derrumba, el *software* asociado se vuelve inútil, pues carece de equipo alterno para seguir funcionando[29]. Cuando un computador se daña y no tiene reparación,

---

29 **Reencarnación y renacimiento**: No hay manera de restaurar una versión funcional del yo (la identidad simbólica) en otro "equipo" (otro cuerpo), como sí puede hacerse con la información y el *software* cuando se copian o restauran en otra máquina. La teoría hindú de la reencarnación sugiere que el yo o el alma puede reingresar en otro cuerpo que, dependiendo de las acciones buenas o malas en la vida actual o en las anteriores, será un ente de nivel superior o inferior. Para el budismo no existe un yo o un alma que reencarne sino una corriente de consciencia, carente de identidad alguna, que se transfiere de cada entidad a la siguiente. Los eruditos budistas

la alternativa de comprar otro nuevo es factible e inmediata. Esta opción, sin embargo, no existe si quisiéramos reemplazar un cuerpo o un cerebro inservibles. En consecuencia, el yo, producto de este último, también es transitorio. Todo ser humano, cuerpo tangible y yo sutil por igual, es pues una entidad temporal que dejará de ser en el momento mismo de la muerte.

El yo, el *software* neuronal, proporciona continuidad y consistencia al comportamiento de una persona, que se manifiesta a través de su *hardware* físico. Continuidad y consistencia, sin embargo, no significan permanencia; la individualidad material y la identidad simbólica, juntos y por separado, son transitorios. La transitoriedad es la característica que define la naturaleza temporal del ser humano, aplicable también al universo como un todo, seres vivos (humanos o no) y material inerte, por igual.

El yo y el sufrimiento

¿Cómo se relacionan los condicionamientos mentales, el yo y el sufrimiento? ¿En qué secuencia aparecen? La respuesta necesita de una breve recapitulación de lo que se ha cubierto hasta ahora. Los deseos intensos y las aversiones —los condicionamientos mentales perjudiciales— son las raíces del sufrimiento y los enemigos de la armonía interior. La totalidad de los condicionamientos mentales, saludables y dañinos por igual, conforman el yo.

La secuencia de eventos es entonces clara: los condicionamientos mentales aparecen primero y luego surgen el yo y el sufrimiento, ambos provenientes de los condicionamientos mentales.

El yo, sin embargo, añade una dimensión adicional a la ansiedad y el estrés. En el instante de la concepción e incluso nueve meses después, los seres humanos somos *seres en miniatura*, carentes

---

comparan esta corriente con la llama de un tronco de madera que se mueve para encender un nuevo tronco. Este libro no se adhiere a las creencias en la reencarnación o el renacimiento; estas nociones carecen de relación alguna con las nociones de ansiedad y estrés, o de armonía interior.

de un sentido definido de identidad. El yo se desarrolla a medida que crecemos y maduramos y, en algún momento indeterminado hacia el cual evolucionamos lentamente y durante unos cuantos años, comenzamos a vivir en los dos mundos que ya han sido descritos: el mundo material y el mundo simbólico. Esta dualidad implica la dramática paradoja de la naturaleza humana, mitad animal y mitad simbólica [30].

La individualidad animal desconoce la muerte. La posibilidad de morir no intranquiliza ni aflige a ningún bebé cuya identidad simbólica es apenas incipiente. Los animales, que ignoran que la muerte les llegará con el paso del tiempo, no se preocupan por su futura e inevitable desaparición. Los seres que carecen de consciencia y capacidad de razonar, esto es, todos los seres que no son humanos, no pueden sentir temor por eventos que no saben que van a suceder. Los animales pueden asustarse instintivamente y huir de los peligros inminentes; ellos, sin embargo, carecen de miedos a largo plazo, y no le temen ni a la muerte ni a los eventos amenazadores del futuro incierto.

Por otra parte, la mente —el *software* mental— que construyó la identidad simbólica es también la mente que razona y saca conclusiones. En consecuencia, los seres humanos jamás podemos pensar que estamos muertos porque… Los muertos no piensan. En su sentido literal, la frase "estoy muerto" nunca es pronunciada. Podemos ver el cuerpo moribundo de otros; también nos sentimos mal con el propio cuerpo cuando sentimos dolores o estamos enfermos, pero el yo no puede discernir o asimilar su propia transitoriedad ni imaginarse a sí mismo como un ente inexistente. Debido a la identidad simbólica, los seres humanos normalmente

---

30 **Mitad animal y mitad simbólica**: Las nociones de individualidad física y de identidad simbólica fueron tomadas del libro *La negación de la muerte* de Ernest Becker, referenciado anteriormente. La expresión mitad-animal y mitad-simbólica proviene del filósofo alemán Erich Fromm, también citado en *La negación de la muerte*. "La razón por la cual la esencia del hombre, algo fijo en su naturaleza, nunca se encontró", escribe Ernest Becker, citando a Erich Fromm, "es que no había tal esencia, que la esencia del hombre es realmente su naturaleza paradójica, el hecho de que es mitad animal y mitad simbólica".

experimentamos una necesidad ilusoria de permanecer vivos (un deseo intenso) y un miedo a la muerte (una aversión), o ambos. Esta combinación de deseo de vivir y aversión a morir es la causa de la inevitable predisposición al sufrimiento.

Definición del sufrimiento

La predisposición a la ansiedad y al estrés, presentada en la sección anterior, es una consecuencia inmediata de la transitoriedad y de la materialidad. A causa de los dos mundos en los que vivimos —el físico y el simbólico, el biológico y el psicológico, el que nos ha sido dado y el que la mente ha construido— los humanos tenemos una predisposición a la ansiedad y al estrés, la tercera característica de la existencia humana [31]. La palabra *predisposición* debe recalcarse. El sufrimiento existe pero es opcional. El sufrimiento es tan real como las bacterias, que están allá afuera siempre dispuestas a infectarnos. Sin embargo, dado que algunas personas son más inmunes que otras, no todo el mundo se enferma.

La paradoja de la naturaleza dual se resuelve cuando comprendemos íntimamente y asimilamos intuitivamente la materialidad de los fenómenos mentales y la transitoriedad de todas las cosas existentes. Si aceptamos la materialidad de los fenómenos mentales, realmente sabemos que la identidad simbólica es una cualidad intangible y no una entidad paralela e inmaterial dentro o al lado del cuerpo. Cuando reconocemos la transitoriedad, sabremos

---

31 **Características de la existencia humana**: Las tres características de la existencia humana —transitoriedad, materialidad de los fenómenos mentales y predisposición al sufrimiento— son la puerta de entrada a las enseñanzas del Buda. El alcance y la secuencia de las tres características en la literatura budista son algo diferentes a la forma como se presentan aquí. En la doctrina budista, las características se aplican a todos los fenómenos del universo, no solo a la existencia humana. Además, lo que a veces este libro llama predisposición al sufrimiento en los seres humanos, en las enseñanzas del Buda se denominan sufrimiento escueto y universal, presentes en todos los fenómenos. La secuencia de las características en los textos budistas es transitoriedad, sufrimiento y materialidad; la secuencia en este libro es materialidad, transitoriedad y predisposición al sufrimiento.

con certeza absoluta e incuestionable que todo cambia y que nada dentro o alrededor de nosotros es eterno.

Hasta este momento, el sufrimiento ha sido descrito a través de sinónimos, metáforas o parábolas, o utilizando los discursos o los ejemplos dados por el Buda mismo. Para concretar el tema es ahora inaplazable dar una definición de tan importante palabra. El sufrimiento es el conjunto de sentimientos negativos generados por los deseos intensos por lo que carecemos y las aversiones hacia todo aquello que imaginaria o realmente nos rodea. Lo que nos falta pueden ser cosas que no tenemos en absoluto, o cosas que ya poseemos pero de las que anhelamos tener más. Los ejemplos de tales objetos o beneficios incluyen amigos, amor, dinero, comida, poder o prestigio. Los objetos de aversión pueden ser personas reales, cosas o eventos que efectivamente nos rodean, o amenazas o circunstancias imaginarias.

Adicciones, fobias y sufrimiento extremo

Los deseos intensos y las aversiones son experiencias subjetivas. A menos que sean exhibidos abiertamente, como cuando comemos desordenadamente o expresamos la aversión por alguien a todo momento, muy pocos notarán cuáles son los objetos de los deseos o las aversiones. Esto cambia cuando tales deseos y tales aversiones crecen en intensidad y frecuencia; en estos casos, todo el mundo se dará cuenta de que hay algo anormal en nuestro comportamiento.

Cuando un capricho o una ambición crecen y se manifiestan continuamente, el deseo compulsivo se tornará notorio (por ejemplo, debemos tomar un trago más) o los efectos serán evidentes (por ejemplo, estamos borrachos). Aunque no hay una línea clara que lo señale, cuando los deseos se tornan más insistentes y persistentes, se convierten finalmente en adicciones. La adicción es el estado de una persona dedicada o entregada a alguna posesión real o imaginaria o a algún hábito, de manera continua u obsesiva. Las adicciones son más evidentes que los deseos intensos.

Eventualmente, las adicciones tendrán un impacto en el entorno social o en la salud física o mental.

Del mismo modo, a medida que una aversión se vuelve más intensa y frecuente, se convierte en una fobia, una aversión exagerada y usualmente irracional hacia objetos, situaciones o personas. El pánico en respuesta a los viajes en avión, la repulsión a algunos insectos y el aborrecimiento hacia alguna persona o lugar son ejemplos de temores anormales, de odios o de emociones similares a los miedos. Las fobias también pueden ser visibles y pueden afectar negativamente la salud o las relaciones de quienes las sufren.

Como los deseos intensos y las aversiones, las adicciones y las fobias llevan sufrimiento, de hecho, sufrimiento extremo. Los mecanismos de los dos conjuntos de problemas son similares y ambos resultan del mal funcionamiento de los circuitos inhibidores. El sufrimiento extremo generado por las adicciones y las fobias generalmente duele no solo a la persona adicta o fóbica, sino también a su familia, sus amigos y sus compañeros de trabajo y, en ese punto, se convierte en sufrimiento prolongado.

La discusión que sigue acerca de cómo hacer frente a los deseos intensos y a las aversiones también se aplica a las adicciones y fobias. No existe una línea sólida que separe deseos de adicciones o aversiones de fobias; lo que hay es más bien una zona gris que disminuye con el grado o la duración de sus correspondientes episodios. Podemos equiparar las adicciones o las fobias de intensidades leves (y quizá *medianas*) a los deseos intensos o aversiones que comúnmente generan ansiedad-y-estrés. El contenido de este libro es aplicable a tales niveles. Más allá de esto, los deseos excesivos y descontrolados y las aversiones exageradas y extremas, así como los comportamientos obsesivo-compulsivos y las enfermedades mentales con raíces genéticas son temas mucho más complejos que demandan asistencia especializada y están fuera del alcance de este libro.

Capítulo 4
Obnubilación

Opiniones sesgadas

Los deseos intensos son condicionamientos desordenados; cuando los experimentamos, ambicionamos algo que nos falta, o anhelamos una porción mayor de algo que ya tenemos. Las aversiones son condicionamientos que nos hacen repudiar algo que ya poseemos o nos rodea y no nos gusta; su efecto nos lleva a rechazar una parte o la totalidad de ese algo. Si somos codiciosos o resentidos, los deseos desordenados y las aversiones resultantes de tales insensateces, respectivamente, son como grilletes que nos encadenan al sufrimiento.

Los deseos intensos y las aversiones, sin embargo, no son las únicas cadenas que nos esclavizan. La adhesión a creencias que no pueden establecerse o confirmarse es un yugo similar que también nos esclaviza a la ansiedad y al estrés. Estas creencias son opiniones sesgadas, una amplia gama de creencias prejuiciadas y puntos de vista fanáticos que carecen del respaldo de conocimientos sólidos. Nos apegamos a las opiniones sesgadas de una manera sutil que las hace propias, como si fueran posesiones.

A diferencia de los bienes materiales que podemos perderlos, nadie puede despojarnos de las opiniones sesgadas. No obstante, las defendemos apasionadamente: cuanto más fervorosa es una opinión, más férrea es su defensa. El problema con las opiniones sesgadas, sean religiosas, políticas, raciales, sectarias o de cualquier índole, es que ellas generan e interponen una nube —un velo, una envoltura— entre los hechos y nuestra mente oscureciendo así la comprensión de la realidad y alterando tanto el entendimiento como la conducta.

Los deseos intensos básicos (de comida, agua o sexo) provienen de necesidades biológicas. Las opiniones sesgadas, sin embargo, no satisfacen ninguna exigencia orgánica. No existe tal cosa como una opinión natural que anhelamos o rechazamos por diseño genético. Sin embargo, una vez que un sesgo específico se hace cargo de la mente, encontramos interesante cualquier pensamiento que coincida con el prejuicio adquirido y experimentamos aversión a cualquier opinión que contradiga la propia. En el primer caso, anhelamos de alguna manera la compañía de quienes comparten nuestras opiniones. En el segundo caso, el poseedor de una opinión contraria y hasta la mera imagen de tal persona se nos vuelven repugnantes. Dado que la asociación física o mental con lo desagradable conduce a la ansiedad y al estrés, las opiniones sesgadas inevitablemente traerán sufrimiento.

Las personas prejuiciadas son incapaces de reconocer sus contradicciones o falacias; su estructuración mental obstruye su visión. Tales individuos consideran el color del vidrio a través del cual ven el mundo como el matiz correcto y resulta imposible explicarle el color verde a alguien que únicamente ve el amarillo. Su reacción siempre será: "No comprendo cómo usted no puede ver la amarillez de mi punto de vista".

Las opiniones sesgadas son formaciones condicionadas perjudiciales, con un impacto bastante negativo en los razonamientos y las decisiones del pensamiento. Las opiniones sesgadas deterioran la calidad de nuestras conclusiones más destructivamente que los datos imprecisos o las debilidades en la capacidad de razonamiento.

Los datos imprecisos provienen de la ignorancia o la falta de conocimiento: no sabemos o no tenemos la información que necesitamos, o la que tenemos es incorrecta. Si utilizamos información errónea, nuestra historia va a estar equivocada; si agregamos dos cifras inexactas, el resultado es falso y la calculadora no detectará el problema. Independientemente de lo inteligentes que seamos, si los datos que recibimos son defectuosos, los resultados de nuestra evaluación serán inútiles: donde entra basura, sale basura.

Los recursos débiles de razonamiento (provenientes de deficiencias en el talento, incertidumbre o limitaciones de tiempo para el análisis), por otro lado, son la aplicación inadecuada de la lógica.

Si la matemática es incoherente, obtendremos totales erróneos. La información correcta, cuando la analizamos erróneamente, producirá siempre resultados incorrectos.

Cuando buscamos exactitud y confiabilidad, sin embargo, la influencia perjudicial de datos erróneos o la lógica deficiente se desvanece cuando se compara con las distorsiones que las opiniones sesgadas pueden generar. Una revisión cuidadosa de los procedimientos de una evaluación por parte de terceros o por el responsable del análisis, siempre detectará cualquier falla en los datos o en la lógica. Esto no es así cuando llegamos a conclusiones basadas en o respaldadas por puntos de vista sesgados. Cuando esto ocurre, no podemos ni reconocer los errores cometidos ni aceptar sugerencia alguna de corrección, y solo son correctas las opiniones que coinciden con las propias.

La gente rara vez cambia su posición con respecto a una opinión sesgada; cuanto más cargada de prejuicios sea una opinión, más difícil será modificarla. Esta resistencia es particularmente evidente en el ámbito de las creencias religiosas o políticas. No ocurre lo mismo con el conocimiento científico. Los puntos de vista científicos evolucionan a medida que avanza el conocimiento y los investigadores desarrollan y validan nuevas teorías, que ajustan los modelos anteriores.

Los grupos cuyas opiniones sesgadas discrepan siempre tendrán diferentes imágenes de una misma realidad. Las personas ven el mundo exclusivamente a través de los *ojos mentales* de sus propias opiniones. Consecuentemente, las opiniones sesgadas, no los datos erróneos ni los análisis defectuosos, son la peor barrera para llegar a la verdad en cualquier campo del conocimiento.

Obnubilación y sufrimiento

Obnubilación es una confusión mental proveniente de creencias falsas persistentes, sostenidas como ciertas a pesar de evidencias indiscutibles en el sentido contrario. La obnubilación proviene de los apegos a opiniones sesgadas que distorsionan los hechos y llevan a aceptar interpretaciones inexactas o equivocadas como dignas de confianza. El apego a las opiniones y la resistencia a aceptar puntos de vista diferentes conducen a desacuerdos que pueden acabar con relaciones amistosas de mucho tiempo y, en los peores casos, conducir a violentos enfrentamientos.

Debido a que estamos tan seguros de nuestras opiniones religiosas o políticas, pretendemos imponerlas a otras personas pues queremos que ellas compartan la verdad que ya poseemos. Si aquellos a quienes estamos intentando convencer también tienen sus propias opiniones, las defenderán obstinadamente contra nuestras pretensiones y, con violencia, si es necesario. La obnubilación nos convierte en *ejemplos de rectitud* y nos cierra todos los caminos hacia la aceptación de diferentes puntos de vista. La obnubilación conduce inevitablemente al sufrimiento; cuanto más sesgadas las opiniones, más cruel será el sufrimiento.

¿Por qué es tan difícil cambiar de opinión? O, mejor aún, ¿por qué no vemos la falsedad —el engaño, la ficción— en las opiniones propias? Las reglas para evaluar la veracidad de cualquier noción están definidas e incrustadas en el código neuronal del yo, en donde se convierten en parte fundamental de la forma de pensar. Es como si en un partido de fútbol tuviéramos al árbitro no solo favoreciendo a nuestro equipo sino también estableciendo las reglas del juego. Sin importar lo que hagamos, las acciones de nuestro equipo siempre serían las correctas.

Para el yo de cualquier persona, todas las opiniones sesgadas son las correctas. En consecuencia, las opiniones de cada persona son siempre verdaderas —al fin y al cabo, cada individuo es el dueño de su manera de pensar— y solamente las acciones o los pensamientos que coinciden con tales opiniones son los correctos. El yo siempre actúa como árbitro y jugador: "¿Por qué debo cambiar mis opiniones cuando yo sé —mi yo, mi estructura mental, mi forma de ver el mundo sabe— que son verdaderas?". Cuando un individuo está enceguecido por sus opiniones sesgadas, difícilmente considerará puntos de vista alternativos y, menos aún, abrirá la puerta a la posibilidad de que pueda estar equivocado.

Capítulo 5
Atención total

El camino de la atención total

Resumamos lo cubierto hasta ahora. La vida es difícil y sus dificultades nos predisponen al sufrimiento. La armonía interior, de por sí un estado conveniente y amable, es la liberación del sufrimiento. La causa de la ansiedad y el estrés son los deseos intensos y las aversiones. Además, el apego y el fervor por las opiniones sesgadas generan deseos desordenados y aversiones y, por lo tanto, también conducen a la ansiedad y el estrés.

No debemos perseguir la armonía interior ni considerarla como el objetivo de vida. En vez de hacer tal cosa, tenemos que aplacar los deseos intensos, apaciguar las aversiones y silenciar las opiniones sesgadas. Cuando eliminamos los deseos intensos y las aversiones, y nos liberamos de las opiniones que causan la obnubilación, el sufrimiento se detiene. Cuando el sufrimiento desaparece, la armonía interior florece.

La última frase del párrafo anterior es una versión simplificada de la tercera verdad del Buda, que el Sabio define con más detalle de la siguiente manera: "La liberación de la ansiedad y del estrés resulta de la cesación absoluta, la renuncia total y el desprendimiento completo, de todo deseo desordenado y de toda aversión. La armonía interior es la experiencia del cese total e incondicional de la ansiedad y el estrés". La armonía interior[32] es pues la ausencia de sufrimiento.

---

32 **Armonía interior**: Un estado interior que nos permite estar en paz y actuar con confianza aun ante las dificultades. La armonía interior es sinónimo de paz interior. Este autor prefiere la primera expresión porque la paz interior está comúnmente asociada con prácticas religiosas o estados espirituales. El término más cercano a armonía interior en pali es *nibbana*. Literalmente, *nibbana* significa la extinción, la cesación o la explosión de algo que desaparece; en el contexto de la tercera verdad lo que desaparece es el sufrimiento.

Las opiniones sesgadas, como fue expresado en el capítulo 4, también contribuyen al sufrimiento. Deseamos o, cuando menos, preferimos la asociación con quienquiera que tenga opiniones similares (gente, medios, grupos…) y sentimos aversión hacia los que sostienen creencias opuestas. En consecuencia, el fin del sufrimiento también requiere de la cesación y el abandono de todas las opiniones sesgadas.

Así las cosas, conocemos ya el problema —la ansiedad y el estrés—; conocemos las raíces del problema —los deseos intensos, las aversiones y las opiniones sesgadas—; y sabemos la experiencia que viviremos cuando destruyamos tales raíces —la armonía interior—. ¿Qué hay que hacer entonces? ¿Cómo podemos destruir esas raíces dañinas? La respuesta concisa y clara la da el propio Buda[33]: "La atención total es el único camino para acabar con la ansiedad y el estrés, para eliminar el sufrimiento, para alcanzar la armonía interior".

Aunque posteriormente la atención total será presentada con mayor detalle, es apropiado delimitar y concretar el término en este momento. Presentamos pues dos definiciones de este concepto fundamental de las enseñanzas del Buda: la primera es breve y sencilla; la segunda es detallada y demanda un cuidadoso análisis.

En la versión sucinta, atención total es la observación permanente de la vida a medida que se desenvuelve. Esta corta definición contiene el sabor completo del significado, pero dice poco de los pormenores de los objetos sobre los cuales hay que centrar la observación.

En la definición detallada, la atención total es: 1) la vigilancia activa de lo que estamos haciendo, y 2) la vigilancia pasiva —la observación desprevenida— del cuerpo, las sensaciones y los estados mentales. El significado de *vigilancia activa* es inequívoco e implica que intencionadamente la atención se centra en la tarea de cada momento para ejecutarla de una forma adecuada, ojalá la óptima.

---

33 *Majjhima Nikaya 10: Satipatthana Sutta: The Foundations of Mindfulness.*

La vigilancia pasiva, en contraste, requiere aclaraciones. El cuerpo, las sensaciones y los estados mentales se identifican en las enseñanzas como los fundamentos u objetos de la atención total[34], esto es, los dominios sobre los que debemos mantener la atención para la liberación de la ansiedad y del estrés. El cuerpo y las sensaciones son tangibles, específicos y estables. Los estados mentales, en contraposición, son intangibles, imprecisos y variables. El estado mental en cualquier momento es, en términos generales, la respuesta que comúnmente daríamos a la pregunta "¿cómo estás?".

Las tareas que realizamos tienen comúnmente un propósito claro (por ejemplo, obtener algo que necesitamos o deseamos) y requieren de intervención o participación. El cuerpo ejecuta los movimientos necesarios, los sentidos proporcionan datos sobre las acciones y su progreso, y la mente, consciente o automáticamente, dirige el esfuerzo. Mientras que la vigilancia activa centra la atención en el proceso gradual para obtener el resultado deseado, la vigilancia pasiva advierte las señales sensoriales procedentes de la intervención o acción (señales que provienen del cuerpo, de los sentidos o del cerebro) mientras se realiza la tarea.

Hay malas noticias y buenas noticias en la descripción larga, que no aparecen en la definición corta. Las malas noticias vienen primero: estar atentos, aún por periodos cortos, es algo difícil que no hacemos regularmente. Durante sus desempeños pico, los artistas en sus interpretaciones y las estrellas deportivas en sus juegos e intervenciones, se sumergen totalmente en su actividad y entran en un estado de atención total que los psicólogos positivos denominan el *flujo*.

---

34 **Fundamentos de la atención**: Los fundamentos de la atención total, también conocidos como el marco de referencia de la atención total, son cuatro elementos: el cuerpo, las sensaciones, los estados mentales y el *dhamma*, la esencia de las enseñanzas del Buda. El Sabio presenta los fundamentos en dos discursos: *Majjhima Nikaya 10: Satipatthana Sutta: The Foundations of Mindfulness*, y *Digha Nikaya 22: Mahasatipatthana Sutta: The Great Foundations of Mindfulness*.

Pero los artistas y las estrellas deportivas son más la excepción que la regla y es posible que ni ellos mismos se den cuenta de que *están concentrados*. Cualquiera que haya intentado enfocar la atención durante cinco minutos en un objeto estático o en un evento de desarrollo lento (no una película o un espectáculo) conoce bien la dificultad de mantener la atención total, como consecuencia de la volatilidad con la que la mente divaga. Funcionamos principalmente en modo automático y rara vez centramos la atención en algo por más de unos pocos segundos. La dificultad es tal que con frecuencia desanima y frustra a muchas personas en su mejor intención de ejercitar su atención total.

Las *imparables* divagaciones mentales se originan en las miríadas de señales sensoriales que el cerebro tiene que procesar a cada instante. Los *bombardeos* provienen de todas partes… Desde el interior del propio cuerpo, desde afuera, a través de los sentidos, y de la incesante actividad del mismo cerebro. Afortunadamente, tal proceso es inconsciente pero, como resultado de la turbulencia neuronal y sin pedir permiso, tales señales nos alejan con demasiada frecuencia de la tarea principal que estamos ejecutando en un momento dado.

También hay buenas noticias: existen prácticas de concentración (como la meditación, el taichí y el yoga) que ayudan a aumentar sustancialmente la capacidad de permanecer atentos por periodos largos. Todos podemos en verdad mejorar la habilidad de estar alertas. El proceso es retador pero sencillo. Es retador porque demanda constancia y regularidad; es sencillo porque las instrucciones de la mayoría de las prácticas son fáciles de seguir. La meditación, en general y sin duda alguna, es el ejercicio más efectivo para mejorar la capacidad de atención.

¿Por qué la atención total es difícil?

Además de la complejidad creada por el enorme volumen de señales que el sistema nervioso debe procesar, la dificultad de permanecer atentos también proviene de la forma en que opera el yo, el gran conjunto neuronal de condicionamientos mentales, tanto los saludables como los dañinos. El yo nos dirige y controla; el yo está a cargo de todo el cuerpo, incluido el cerebro mismo, donde está codificado tanto el *software* mental de la vida como la base de datos personal.

El *software* del yo determina todo lo que debemos hacer o evitar, lo que debemos pensar o decir, y cómo debemos sentirnos o reaccionar ante estímulos externos. La mayor parte de lo que hacemos se ejecuta automáticamente y, en realidad, somos menos libres —tenemos menos albedrío— de lo que generalmente se piensa.

Los programas neuronales que codifican el yo, casi inexistentes al nacer, son dinámicos y van agregando nuevos condicionamientos mentales a medida que el sentido de identidad se va estructurando. El código adicional de lo que hay que hacer y de cuándo debe hacerse —las acciones y las condiciones que los desencadenan— se incorpora en todo el sistema. A medida que construyen el yo, los condicionamientos mentales se convierten progresivamente en los autores o los iniciadores de las decisiones en la vida diaria.

Tendemos a considerar que la esfera de influencia del yo reside principalmente en el territorio consciente y que, por el poder absoluto de la voluntad, podemos sacar todo a la superficie y mantener la mente subconsciente bajo control. El asunto no es tan simple. Por el contrario, la mente subconsciente, donde actúan los condicionamientos mentales, es la que establece el tono y define el marco de las actividades conscientes.

La codificación de nuevos condicionamientos mentales, sean saludables o dañinos, se consolida con el *software* neuronal del momento, y los deseos intensos y las aversiones innecesarias entran a formar parte del código neuronal del yo. Sin autorización de nadie, estas rutinas nocivas generan en el complejo cuerpo-cerebro tanto las necesidades superfluas como los miedos imaginarios. Este proceso, tan extraordinario como pernicioso, es el originador de la ansiedad y el estrés.

Esta adicción disfrazada genera deseos de ser diferentes de lo que somos ahora, de tener más de lo que ya poseemos, o de estar en un lugar diferente de donde nos encontramos. El sufrimiento son los pensamientos recurrentes de insatisfacción —las señales nerviosas no invitadas— que deambulan continuamente por la cabeza.

Nuestra mente divaga todo el tiempo, incluso cuando estamos durmiendo (y quizá por esta razón soñamos). Permanentemente, el cerebro husmea los alrededores, explora el cuerpo y revisa los archivos de memorias en búsqueda de señales o situaciones que puedan exigir intervención. Los circuitos inhibidores detienen la mayoría de las señales innecesarias. No obstante, muchas situaciones o escenarios alcanzan a distraer la atención. Los registros cerebrales de los condicionamientos mentales contienen las pistas de todos los deseos intensos y de todas las aversiones y, cuando una señal sensorial coincide con una de las pistas, el deseo o la aversión correspondiente entran en acción, y el interés se mueve hacia lo que sean los objetos de tales deseos o aversiones. Si escuchamos la canción favorita de un ser querido, pues hacia ese ser querido se va la mente, sin darnos cuenta. Si vemos a alguien que se parece a una persona que nos desagrada, recordamos de inmediato y automáticamente la mala jugada que nos hizo ese fulano. Este vagabundeo implacable e imparable de la mente hace muy difícil el sostenimiento de la atención total de manera permanente.

¿Cómo ayuda la atención total?

Cuando una señal sensorial, proveniente del exterior o desde el cuerpo mismo, coincide con la señal activadora de un condicionamiento mental, el cerebro genera la instrucción conectada con el deseo o la aversión asociado. Puesto que cada condicionamiento mental está enlazado directa o indirectamente con una sensación, el hecho de permanecer atentos a las señales sensoriales, ayuda a mantener control[35]. Por lo tanto, la atención a los eventos mentales debilita la operación automática del yo.

Para que esto suceda, no debe haber lucha ni resistencia contra tales acontecimientos mentales. La vigilancia debe actuar en paralelo con una aceptación sin juicio alguno sobre tales eventos, observándolos tal cual como ocurren. Tenemos que recordar que las señales sensoriales y las emociones ocurren principalmente en el cuerpo mientras que las percepciones y los sentimientos suceden en el cerebro, donde reside la programación del yo.

Nuestra vigilancia activa toma nota de lo que estamos haciendo y la vigilancia pasiva permanece atenta a lo que está sucediendo en el cerebro y en todo el cuerpo. Mientras esto sucede, ¿quién está atento y quién permanece imparcial? Estas preguntas serán discutidas más adelante. Por ahora, es importante señalar que a través de la atención total las formaciones condicionadas perjudiciales pierden gran parte de su capacidad de hacer daño.

La vigilancia de las opiniones sesgadas que nos llevan a la obnubilación tiene un efecto similar. Con la observación imparcial del marco de las creencias, es decir, con el examen minucioso de las opiniones que apoyan la forma de pensar, la obnubilación se desvanece.

Reconociendo la ansiedad y el estrés

El sufrimiento existe y todo el mundo sabe qué son la ansiedad y el estrés, por experiencia directa o por referencia de terceros. Abundan los libros, los refranes, las novelas y las historias sobre el sufrimiento; los hay de todo tipo: bien intencionados, religiosos, inspiradores, cínicos, mercantilizados, humorísticos... La mayoría de ellos, sin embargo, son impersonales y rara vez hablan explícitamente de la experiencia que están viviendo sus autores.

---

35   Rodriguez, Tory. "*What Just Happened*": *Scientific American Mind,* November/December 2011.

Una excepción a esta tendencia son los poetas, quienes con mucha libertad escriben alrededor de sus tristezas y desengaños.

Las personas, en general, son reacias a reconocer su sufrimiento. Algunos dicen ser felices y ecuánimes y niegan que su ansiedad y su estrés puedan ser un problema. El filósofo Henry D. Thoreau no está de acuerdo[36]: "La mayoría de la gente vive una vida de tranquila desesperación. Lo que se conoce como resignación es desesperación disimulada". Sin embargo, si alguien oculta su ansiedad y su estrés —su realidad, su quebranto— tal persona carece de motivos para tomar acciones correctivas; nadie puede enfrentar —y menos aún resolver— un problema que ni siquiera acepta que existe.

Muchas personas subestiman el dúo ansiedad-estrés simplemente porque consideran que están al mando de sus estados mentales (pocos aceptan que no son dueños de su vida), o porque piensan que sus existencias están más allá del bien y del mal; ambas posturas proporcionan un aparente sentido de seguridad. Tales actitudes son respetables. Cada individuo experimenta su propio mundo interior y solo él o ella puede reconocer la presencia o la ausencia de ruidos o problemas en sus estados mentales.

Tomando prestadas las palabras de J. Krishnamurti, el filósofo oriental, este libro invita a todos aquellos lectores que se sienten a gusto con sus actuales estados mentales a observar cuidadosamente "el contenido de su propia mente y el espejo de sus relaciones". ¿Qué ven ustedes allí? ¿Paciencia o intolerancia, armonía o ansiedad-estrés, serenidad o desesperación? De nuevo, solo cada persona puede responder a estas preguntas. Las respuestas honestas y sinceras confirmarán su certeza —sí, en verdad, ustedes son individuos pacientes, armoniosos y serenos que están más allá del sufrimiento— o, por el contrario, sus exploraciones les mostrarán las imperfecciones —ustedes son intolerantes,

---

36   Thoreau, Henry D. *Walden: A Fully Annotated Edition*. New Haven, CT: Yale University Press, 2004.

inestables, estresados o ansiosos que bien podrían considerar algunas acciones correctivas—.

En el primer caso, quizá han alcanzado la ecuanimidad y la armonía interior a través de otros caminos. ¡Maravilloso! O tal vez podrían ser unos de los pocos que, bendecidos por la naturaleza o por la cultura y la formación con las cuales crecieron, no experimentan deseos intensos ni aversiones. ¡Afortunados! De hecho, hay individuos sin ego por una venturosa convergencia de predisposición natural y circunstancias ambientales. Las dos condiciones juntas forjan seres especiales.

En el segundo caso, el descubrimiento de signos de intolerancia, hostilidad, angustia u otros sentimientos negativos les mostrará que existen problemas por resolver y que la atención total puede ser una alternativa de ayuda y apoyo.

Dado que los estragos de la ansiedad y el estrés son vivencias exclusivas de quienes los sienten, ellos y solo ellos —las víctimas— pueden hacer una evaluación de los beneficios que resultarían de terminar con el sufrimiento. ¿Cuáles son los costos de tal decisión? Tanto la atención total permanente como la práctica disciplinada de la meditación requieren un compromiso; el esfuerzo que implica materializar este compromiso es la inversión por realizar.

Los negociantes bien saben que, cuando las utilidades potenciales de un proyecto son sustanciales, la motivación para la inversión es alta. Del mismo modo, una vez que reconocemos el sufrimiento —el perturbador de la armonía interior— tenemos suficientes buenas razones para considerar y ensayar la atención total. Además de reconocer la ansiedad y el estrés, también debemos entender los deseos intensos y aversiones como las raíces del problema. Estas raíces constituyen lo que debemos destruir —lo que debemos eliminar— para alcanzar el objetivo principal. Cada individuo es el dueño del *negocio de su vida*.

¿Dónde estamos ahora? Sabemos que: 1) la atención total es el camino para terminar con el sufrimiento y disfrutar de la armonía interior, 2) la atención y la vigilancia (aún por breves momentos) son unas tareas exigentes, y 3) la práctica de la meditación aumentará la capacidad de permanecer atentos. En otras palabras, tenemos frente a nosotros un esfuerzo admirable y bien intencionado —la eliminación de la ansiedad y el estrés— que nos exige un compromiso incondicional con la meditación, cuya práctica, a su vez, nos ayuda a permanecer atentos y vigilantes por periodos progresivamente más largos. Los beneficios ostensibles del proyecto justifican claramente la considerable inversión y el gran compromiso.

La armonía interior es la belleza —el retorno atractivo— cuya aparición en nuestra vida está siendo impedida por el sufrimiento. Cuando realmente estamos familiarizados con la ansiedad y el estrés, con lo que estos males significan y con la forma como ellos nos dañan, la considerable determinación que la batalla exige resultará factible y manejable. La decisión de combatir el sufrimiento se hará más sencilla, obvia y casi inmediata cuando reconozcamos la propia ansiedad y el propio estrés —la ansiedad y el estrés que experimentamos directamente— y no el sufrimiento de un tercero o del resto del mundo. Una vez que comprendamos íntimamente la magnitud del problema —cuya eliminación es el rendimiento de la inversión—, estaremos listos y dispuestos a emprender el gran proyecto.

Si la atención es el camino, la meditación es el ayudante —el propulsor— que nos ayudará a llegar al destino anhelado; la palabra ha sido utilizada varias veces hasta este momento con pocas explicaciones. Es oportuno ahora cubrir este tema en detalle. La meditación es pues el tema del próximo capítulo.

Capítulo 6
La meditación de atención total

Meditación

La palabra *meditación* —dejando de lado la definición original de reflexión o cavilación— se refiere a un amplio conjunto de ejercicios a través de los cuales sus practicantes manejan y controlan la atención, en busca de beneficios específicos, tales como la reducción del estrés, el mejoramiento de la salud, el crecimiento espiritual o el aumento de su rendimiento físico o mental. La meditación de atención total[37] es el enfoque más sencillo entre las incontables alternativas existentes y, simultáneamente, el que mayor interés investigativo ha despertado en los medios académicos en el tercer milenio.

Hay numerosas variedades de meditación. Las distintas aproximaciones pueden ser parte de terapias conductuales, rituales religiosos o rutinas de crecimiento personal. En el lado físico, la diversidad de técnicas depende de si los practicantes se mantienen quietos o se mueven; permanecen sentados, acostados o de pie; se quedan en silencio o articulan algunos sonidos o palabras; o de si cierran los ojos o los mantienen abiertos. En el lado mental, el número de alternativas crece de manera exponencial por la variedad de los enfoques que pueden utilizarse para mantener la atención.

El elevado número de combinaciones posibles genera mayor desconcierto entre los potenciales estudiantes. La meditación de atención total sobresale no solo porque reduce alternativas y confusiones sino por su sencillez y sentido común. La simplificación se hace evidente desde dos perspectivas. En la primera, la meditación se circunscribe a una práctica simple guiada por cuatro

---

37 **El diseñador de meditación de atención total**: Las técnicas de la meditación de atención total, cuya documentación se encuentra en el Canon Pali, son muy antiguas. El Buda mismo fue quien desarrolló tales técnicas veinticinco siglos atrás.

elementos. En la segunda, la palabra *meditación* se restringe a una técnica de una forma metódica más específica.

Los cuatro elementos de la primera perspectiva son [38]: 1) la sesión de meditación ocurre en un ambiente tranquilo, 2) los meditadores adoptan una actitud pasiva, 3) los meditadores se sientan y permanecen quietos en una postura cómoda, y 4) los meditadores enfocan su atención en un ancla o dispositivo mental. Estos cuatro elementos dejan por fuera del alcance simplificado todos los ejercicios dinámicos como el taichí, el hatha yoga, la meditación ambulante (o caminante) y los bailes rituales (como las danzas derviches de Medio Oriente).

La meditación de atención total apunta a poner en reposo o a aquietar tanto como sea posible la actividad de los seis sentidos budistas (vista, oído, olfato, gusto, tacto y mente). Comencemos con los cinco sentidos *convencionales*. El ambiente (ítem 1) —silencioso, preferiblemente oscuro, sin fragancias— disminuye o suspende la mayoría de las señales perturbadoras auditivas, visuales u olfativas y, de esta forma, aplaca la actividad de la vista, el oído y el olfato.

La actitud pasiva (ítem 2) exige inacción e implica, entre otras cosas, la abstención de consumir alimentos durante la sesión y desde unas dos horas antes, con lo cual se reduce la actividad digestiva o las sensaciones gustativas. La actitud pasiva también demanda una actitud neutral, esto es, la abstención de hacer juicios o evaluaciones sobre la práctica, los inevitables pensamientos distractores o la experiencia misma. Esta neutralidad, en conjunto con la focalización de la atención (ítem 4), resulta definitiva en el apaciguamiento mental.

---

38 **Los cuatro elementos de la meditación**: La mayoría de los tipos de meditación tienen en común los cuatro elementos presentados este capítulo, que excluyen prácticas que involucren sonidos (como cánticos o mantras) o movimientos (como bailes o gestos rituales). El Centro Nacional de Medicina Complementaria y Alternativa del Instituto Nacional Americano de Salud (National Center for Complementary and Alternative Medicine at the American National Institute of Health) considera estos elementos como los puntos claves en la práctica de la meditación.

La postura cómoda (ítem 3) apunta a la inacción y al sosiego. La posición confortable, además, facilita la inmovilidad del practicante durante un largo periodo y desestimula la generación de señales asociadas a los movimientos del cuerpo. El meditador puede sentarse bien sea en el piso (un cojín facilita este enfoque), la opción más común, o en una silla. Cuando los practicantes tienen la necesidad de moverse, deben hacerlo lenta y silenciosamente.

La mente, el sexto sentido, y el cerebro, su órgano asociado, son definitivos en el resultado de la meditación pues es en la cabeza donde ocurren los ruidos mentales. Durante las horas alerta, la mente, *la loca del ático*, como algunos la denominan con ironía, nunca se aquieta; aun cuando estamos durmiendo, la mente está ajetreada y soñando mientras hace la limpieza de los *archivos* cerebrales. Los pensamientos simplemente ocurren y nosotros no elegimos los temas de las divagaciones; ellos, los temas, simplemente aparecen por su cuenta.

A la mente llegan los distractores de la atención desde dos partes diferentes. La primera fuente envía sus distractores desde afuera del cerebro, a través de los cinco sentidos convencionales, cuya actividad el practicante frena a través de la aplicación de la tranquilidad, la pasividad y la comodidad de la meditación.

La segunda fuente son las acciones mentales —los pensamientos sueltos, las digresiones, las evocaciones y similares— que surgen espontáneamente *desde adentro*, en el propio cerebro. Las formaciones condicionadas nocivas descontroladas son los proveedores comunes de las semillas distractoras. Los objetos de los deseos intensos y de las aversiones aparecen espontáneamente en la cabeza, sin pedirnos permiso. Es aquí donde el control de la atención, el cuarto elemento, entra en juego, y es donde la meditación de atención total se diferencia notablemente de todas las demás técnicas introspectivas que promueven silencio, quietud y pasividad.

No es posible detener los pensamientos que nos llegan como especies de virus flotando en el ambiente *cerebral*, pero sí podemos, en cambio, tomar consciencia de la presencia viral o desplazar la atención a propósito hacia otro objeto de nuestra elección.

Estos *trucos* son equivalentes a sentar las distracciones en la sala de espera. Los meditadores pueden usar cualquiera de estos dos enfoques para mejorar su nivel de control sobre su mente divagadora. La focalización de la atención en un objeto diferente actúa como un ancla que sujeta a la embarcación en puerto (de ahí su denominación).

Las anclas de la meditación de atención total son el cuarto elemento de la meditación que restringe su alcance a un conjunto reducido de técnicas directas y fáciles de aplicar.

Selección de las anclas

¿Qué tipo de anclas, de dispositivos mentales, debemos utilizar para enfocar la atención? Comencemos con la lista de las anclas que los meditadores deben dejar por fuera. Aunque algunos de los ítems que se mencionan a continuación tienen numerosos seguidores que los han encontrado útiles, tales ítems se desvían del diseño original del Buda para la meditación de atención total. La lista de las excepciones que se presenta es larga, con el fin de enfatizar la diferencia entre los dos grupos de técnicas, esto es, entre la meditación de atención total, por una parte, y todos los demás enfoques, por la otra.

Las anclas a excluir en la meditación de atención total (algunas de las cuales, se insiste, son bien reconocidas en los movimientos devocionales o de crecimiento personal) comprenden:

1. La repetición verbal o mental de palabras o sonidos (mantras).
2. La utilización de música de fondo o de cantos rituales.
3. Los rosarios o cuentas (malas).
4. Las figuras de colores como círculos o cuadrados en diagramas concéntricos (mandalas).
5. La visualización de escenarios agradables y bellos.
6. Los diagramas de símbolos sagrados, o las figuras de maestros o santos.

Si bien pueden ayudar en la focalización de la atención, estos objetos presentan numerosos inconvenientes. En primer lugar, ellos invocan señales sensoriales innecesarias, sean mentales, auditivas o sensoriales, que agitan la actividad cerebral en lugar de apaciguarla. Segundo, son artificiales, arbitrarios, fruto de creencias (generalmente), y requieren de decisiones que confunden o complican (por ejemplo, cuál mantra es el mejor, qué canto debe entonarse, qué música es más apropiada o cuál color es preferible). Tercero, algunos elementos como las cuentas con rosarios o la entonación de cantos, requieren movimientos manuales o de la boca que, aunque sutiles, son desviaciones de la quietud esperada. Finalmente, y esta es la debilidad mayor, la asociación inconsciente de estos dispositivos con la agradable experiencia de la meditación conduce a nuevos deseos —nuevos condicionamientos mentales— que finalmente podrían crear dependencias y que terminan convirtiendo las anclas en objetos rituales.

Este autor no pretende prohibir tales enfoques de meditación. Siempre y cuando las pautas alternas no se conviertan en fetiches ni conduzcan al fanatismo, tales métodos son mejores que la no-meditación. Si los practicantes están obteniendo beneficios de la aplicación de alguna técnica en particular o el uso de anclas artificiales, es apenas lógico que las sigan utilizando. Sin embargo, este éxito parcial podría dejarlos satisfechos y disuadirlos de iniciarse en la meditación de la atención total, el enfoque más recomendable.

Ya se han cubierto con algún grado de detalle los dispositivos mentales inapropiados. ¿Cuáles son entonces las alternativas aceptables, las que sí se pueden y se deben utilizar? Las alternativas se agrupan en dos categorías amplias, relacionadas con el cuerpo y con las sensaciones, los dos primeros elementos de los fundamentos de la atención.

La primera categoría corresponde a anclas alrededor de las partes del cuerpo o de algunas de sus funciones. La segunda centra la atención en las sensaciones. Estos dos conjuntos de anclas, además de los otros tres elementos de la meditación (ambiente tranquilo, actitud pasiva y quietud), son en esencia todo lo que los aprendices requieren saber y utilizar para convertirse en meditadores serios. Su simplicidad es lo que hace que la meditación de atención total, desde la perspectiva de sus instrucciones, sea la técnica de meditación más sencilla.

Con la aplicación de anclas alrededor del cuerpo o de las sensaciones, no hay espacio para dudas de interpretación, ni necesidad alguna de requerir direcciones de maestros o gurús. Todos tenemos conocimientos y experiencias inequívocos del cuerpo y de las sensaciones. (Los estados mentales, como fundamento importante de la atención total, que se cubrirá más adelante, son subjetivos y abstractos; por lo tanto, no son recomendables para ser utilizados como anclas).

Tanto para el cuerpo como para las sensaciones, la meditación bien puede efectuarse centrando la atención en un punto específico, o rotándola alrededor de las distintas partes del cuerpo. Para el enfoque puntual, los meditadores focalizan la atención en una sola función o una sola parte, por ejemplo, la forma como la respiración entra y sale de las fosas nasales, o el tipo de sensación que percibimos encima del labio superior. Para la alternativa rotatoria, los meditadores mueven la atención alrededor del cuerpo para observar (solo para observar) sus diferentes partes, o para tomar consciencia neutral, sin juicio alguno, de las sensaciones que en cada sitio se perciben.

El dúo cuerpo-sensaciones no solo proporciona un marco amplio de objetos por utilizar, sino también constituye la mejor secuencia que los estudiantes deben seguir con el tiempo a medida que progresan en su práctica. Esto significa que los estudiantes nuevos deben comenzar a meditar con su atención enfocada en su cuerpo y, más específicamente, en su respiración. A medida que adquieren experiencia, entonces se mueven progresivamente a la observación de las sensaciones. El apéndice 2 contiene las guías sugeridas por el Buda para utilizar la respiración y las sensaciones como anclas de la meditación.

La esencia de la meditación de atención total

En las secciones anteriores, la meditación de atención total ha sido el producto de la demarcación progresiva mediante un proceso de selección desde la forma de meditar más generalizada hasta la técnica restringida recomendada por el Buda.

En su enfoque básico, la meditación de atención total es un ejercicio mental durante el cual los practicantes, con los ojos cerrados, se sientan en una posición cómoda y en un ambiente tranquilo, adoptan una actitud pasiva y centran la atención en ciertos dispositivos u objetos con el fin de mejorar su facultad de concentración. Cuando los meditadores se dan cuenta de que están distraídos, retornan la atención al ancla de turno. Las dos anclas más comúnmente utilizadas en la meditación de atención total son la respiración y las sensaciones.

Denominamos nivel 0 (cero), expresión esta utilizada con frecuencia en el resto de este libro, al nivel de progreso que alcanza un meditador cuando puede ceñirse a la definición del párrafo anterior durante un periodo de unos 45-60 minutos.

Meditador habitual es entonces la persona que medita con frecuencia (de cinco a siete veces por semana), manteniéndose así en el nivel 0 de manera consistente. El estudiante (principiante o aprendiz) es aquella persona que medita con continuidad pero no llega a la frecuencia esperada ni a la duración de las sesiones del meditador habitual.

Tanto el sostenimiento de la vigilancia en los objetos escogidos como el retorno a ellos cuando la atención se extravía son puntos claves de la práctica. Durante la meditación, debemos no solo mantener la atención en las anclas, sino también detectar el escape de la atención hacia cosas o eventos diferentes.

La atención total implica la observación activa de la tarea del momento y la vigilancia pasiva de las señales sensoriales provenientes de las sensaciones y de los estados mentales. Las distracciones inevitablemente ocurren. Centrando la atención durante la meditación, se entrena la vigilancia activa (la observación de los movimientos de la mente consciente). Detectando las distracciones y retornando la atención a las anclas, se ejercita la vigilancia pasiva (la observación de los movimientos de la mente subconsciente).

Cuerpo y respiración

El cuerpo del propio meditador proporciona el primer gran conjunto de dispositivos para focalizar la atención. Dentro de las diversas alternativas que ofrece, la observación de la respiración es la más apropiada y la más utilizada. De hecho, muchos meditadores emplean exclusivamente la respiración como el ancla estándar de sus prácticas. La focalización en la respiración es también la mejor aproximación tanto para el entrenamiento de los estudiantes novatos como para los primeros minutos de las sesiones de los experimentados.

Además de la respiración, también podríamos observar (no necesitamos hacerlo) otras tareas vitales que también implican movimientos, tales como los latidos del corazón o el pulso sanguíneo.

La respiración nos conecta con la vida de una manera tan íntima y permanente que es imposible suspender tan vital función por más de unos poquísimos minutos. Buscando un poco de variedad y de manera opcional, es posible también tomar conciencia de la actividad respiratoria desde otros puntos de vista: ¿Es lenta o rápida? ¿Es serena o agitada? ¿Es pausada o intermitente? ¿Es profunda o superficial? Concentrar la atención en la respiración, repetimos, es la técnica más útil y sencilla de la meditación de atención total. También es, y por mucho, el ancla más común de meditación en muchas culturas y de devoción en muchas tradiciones. La frase "permanezca presente en cada inhalación y en cada exhalación; no permita que su atención vague ni siquiera por la duración de un solo respiro" es una expresión tan perdida en la antigüedad que los seguidores del islam y del hinduismo atribuyen su autoría a maestros de sus correspondientes religiones.

Considerando que rara vez estamos conscientes de los movimientos respiratorios y que el flujo del aire vital es muy tenue, ¿cuáles son entonces las cosas más recomendadas para observar en la respiración? Si la respiración es una actividad tan natural, ¿cómo ha de ser la vigilancia? La atención ha de centrarse en cosas triviales: ¿Está el aire entrando? ¿Está saliendo? ¿Hay algún ruido al inhalar? ¿Son silenciosas las inhalaciones? ¿Son largas las exhalaciones? ¿Son breves?

No existe, no debe existir, intención alguna de alterar el ritmo respiratorio; solo hay atención a la respiración tal como si sucediera en un cuerpo que resulta ser el propio pero bien podría pertenecer a otro. Hay una vigilancia cuidadosa de unas fosas nasales, a través de las cuales hay aire que entra naturalmente y hay aire que sale naturalmente.

De vez en cuando, quizá cada pocos segundos o después de algunos minutos, la atención se escapa. A veces y por un buen rato, ni siquiera hay noción de que la atención se ha perdido. La cabeza se va para otro lugar y el meditador no se da cuenta de que está divagando. En algún momento, el meditador nota que la mente está extraviada y entonces la atención retorna a la respiración, sin juicio ni frustración alguna por haberse distraído.

Si así sucede, esto es, si hay juicios o frustraciones que de por sí son distracciones, la atención regresa a la respiración. Si aparece alegría por el éxito o el progreso de la práctica, "¡Cómo lo estoy haciendo de bien!", la atención regresa al flujo del aire. Si hay inquietud acerca de la duración del ejercicio —cuánto tiempo va, cuánto tiempo falta— la atención debe regresar a la respiración.

La rutina del aterrizaje obligado de la mente dispersa se repite cuantas veces aparezcan pensamientos volátiles, o haya aburrimiento, frustración, ansiedad o afán.

Tomar consciencia de la inatención es el comienzo de la atención total. Atrapar la mente cuando está divagando es un paso crucial en todo el ejercicio, que significa que la práctica va por buen camino: cada vez que haya que devolver la atención a la respiración es un *éxito* del ejercicio y una señal de mejora en la capacidad de atención, logros estos alrededor de los cuales no debe haber ninguna complacencia ni ninguna vanidad.

Este vaivén entre observación y desatención es la secuencia normal de la práctica, sobre todo en sus comienzos. La repetición excesiva y monótona de los ciclos de distracción-reconocimiento-retorno no debe desalentar a los aprendices. Cada vez que se regresa la vigilancia al ancla que se está aplicando, se está fortaleciendo la atención. La captura de la mente volátil, tan pronto como pierde la pista de lo que está haciendo en un momento dado, también es clave para mantenerse consciente y atento durante las horas comunes.

La voz de un instructor o una banda sonora que periódicamente repite una frase como "la atención está en la respiración" resulta muy útil para los principiantes y no es contraproducente, de ninguna forma, para los meditadores experimentados.

Después de unas cuantas sesiones —tal vez diez, quizá cien— y siguiendo las instrucciones verbales, los estudiantes y los meditadores habituales deben poder ejecutar la práctica sin ayuda externa alguna, convirtiéndose entonces en meditadores experimentados. Independientemente de lo inequívoca y sencilla que es la rutina de la meditación de atención total, nunca será excesivo el énfasis en el compromiso y la disciplina que los estudiantes deben aplicar, si sinceramente esperan convertirse en meditadores habituales.

Después de que los estudiantes han ensayado una rutina, similar a la que se acaba de describir, durante unos días o semanas, dos cosas extremas —o muchas combinaciones intermedias— pueden ocurrir. En el escenario negativo, el interesado inicial practicó por unos pocos días y abandonó la rutina relativamente pronto. El único consejo posible aquí es ¡ánimo y siga intentándolo! En el escenario ideal, por otra parte, las sesiones rutinarias se convirtieron en un hábito que ya no demanda fuerza de voluntad y el practicante, ahora meditador experimentado, sigue practicando diariamente, quizá por el resto de sus días.

Demasiados aspirantes terminan en el primer grupo. En la situación más lamentable, muchas personas ni siquiera se atreven a ensayar la meditación. "Eso no es para mí", dicen. Sacar tiempo para meditar cinco a siete veces por semana y sentarse en silencio por largos ratos son desafíos mayores que demandan compromiso. "Mis ocupaciones no me dejan tiempo", es la disculpa común. La dificultad y la resistencia, sin embargo, decrecen dramáticamente con la práctica: cuanto más meditamos, más sencilla se vuelve la práctica.

Hay muy buenas noticias para los que sí persisten. Si los estudiantes se sienten satisfechos con la práctica de la meditación centrada en la respiración, bien pueden permanecer allí. Es una técnica universal. El uso de anclas alrededor de las sensaciones, que se cubrirá a continuación, es un excelente complemento que proporciona variedad a la experiencia meditativa. La disponibilidad y el uso de técnicas alternativas es importante y novedoso para numerosos meditadores. En todo caso, las recomendaciones presentadas sobre distracciones, juicios, frustraciones, instrucciones verbales, necesidad de volar solos y persistencia son aplicables a todas las variedades de meditación.

Existen enfoques adicionales tanto para la meditación alrededor de las partes del cuerpo y de sus funciones, como para las sensaciones. Aun así, es la concentración en la respiración la que logra a la perfección el fortalecimiento de la capacidad de atención, esto es de la habilidad de mantenerse atento.

Sensaciones

El segundo conjunto de anclas para la atención durante la meditación de atención total son las sensaciones. Una sensación, recordémoslo, es la percepción de una señal nerviosa ya sea porque el cerebro decide que necesita hacer algo con ella o porque intencionalmente dirigimos la atención hacia el estímulo asociado. La detección de la señal sensorial —el conocimiento de su ocurrencia— hace que sea una sensación.

Una sensación comienza cuando los estímulos desencadenan señales nerviosas en un órgano de los sentidos (ojos, oídos…) y se completa cuando el cerebro las procesa. Existen muchos tipos de señales sensoriales —visuales, acústicas, olfativas, táctiles, térmicas y dinámicas, entre otras—. Las señales sensoriales ocurren en el cuerpo y los órganos de los sentidos; las estrictamente mentales, dentro del cerebro mismo. Las percepciones ocurren en el cerebro. La consciencia, localizada en el cerebro, ignora la gran mayoría de las señales sensoriales que llegan al mismo cerebro (incluyendo muchas de las que allí se originan) pues no las considera necesarias o convenientes para ningún propósito. Para la consciencia estas señales no parecen estar sucediendo.

Buenos ejemplos de estas señales innecesarias son los contactos de la piel con la ropa o la silla donde estamos sentados; no percibimos tales roces, a menos que dirijamos la atención a las áreas donde tocan la piel o que sean sensaciones atípicas, tales como la inusual comodidad de una silla, las prendas que causan molestias o los zapatos que nos quedan estrechos. Ciertamente, muchísimas señales nerviosas (no sensoriales) tales como las normales del cuerpo (la circulación de la sangre o la digestión, los movimientos óseos corrientes…) ocurren sin llegar nunca a la consciencia y no podríamos percibirlas aun si así lo quisiéramos. Por su parte, las señales corporales que fastidian o duelen son síntomas de que algo podría andar mal en el organismo.

Cuando utilizamos las sensaciones como anclas para la meditación, es necesario insistirlo, estas se refieren, en general, a los seis sentidos que considera el Buda. Sin embargo, los cuatro elementos de la meditación (postura cómoda, ambiente tranquilo, actitud pasiva, dispositivo mental) justamente apuntan a reducir, cuando no a cortar, las intervenciones distractoras de cinco de esos seis sentidos (vista, oído, olfato, gusto y mente). Debido a la reducción de los factores de distracción resultante de la quietud, el silencio, el ambiente tranquilo, los ojos cerrados y la ausencia de fragancias, una proporción alta de las sensaciones percibidas durante la meditación ocurren directamente en la piel y a través del sentido del tacto.

Tales sensaciones incluyen no solo todo lo que está en contacto con la piel, también todas las otras señales que percibimos a través del cuerpo y dentro del mismo (calor, humedad, resequedad y hormigueo) y los movimientos del cuerpo (el latido del corazón y los movimientos del abdomen como parte de la respiración).

A través de los nervios y de la médula espinal las señales sensoriales del tacto viajan desde todas las partes del cuerpo al cerebro, que elige percibir una fracción de ellas. Las sensaciones táctiles son como un puente entre el cuerpo y la mente.

Para efectos de la meditación de atención total, las sensaciones pueden clasificarse desde dos perspectivas. Por un lado, las sensaciones son desagradables, agradables o neutras; por el otro, son claras (patentes, manifiestas, burdas) o sutiles (tenues, indefinidas, delicadas). Las sensaciones claras son generalmente desagradables o neutras, mientras que las sutiles son casi siempre agradables. Estas denominaciones son subjetivas y, hasta cierto punto, irrelevantes. Lo que es claro y patente para una persona, bien puede ser sutil y neutral para otra. No es posible establecer diferencias precisas, basta con que cada meditador establezca sus propias definiciones, según sus propias percepciones. De todas formas, anotamos algunos comentarios.

Las sensaciones claras son aquellas que percibiríamos aun si no estuviéramos meditando (un dolor de cabeza o un calambre) o las que percibimos cuando dirigimos la atención a los puntos de contacto de la piel (el contacto con la silla o el piso). Las sensaciones claras son evidentes y continuas. Las sensaciones sutiles son solo eso, sutiles, difíciles de distinguir, difíciles de explicar, generalmente discontinuas… Como que vienen y van.

Estas categorías están lejos de ser blanco o negro, pues el umbral del dolor y la percepción del placer cambian de persona a persona. El propósito de estos comentarios es, entonces, proporcionar algunas guías sobre cómo enfocar la atención. Cuando sentimos una sensación agradable, repetimos mentalmente:

"Esta es una sensación agradable"; cuando sentimos una sensación desagradable, repetimos mentalmente: "Esta es una sensación desagradable"; cuando sentimos una sensación neutra, repetimos mentalmente: "Esta es una sensación neutra".

Es aconsejable, como ya se mencionó, iniciar sesiones de meditación de atención total enfocando la atención en la respiración. Después de unos minutos, los practicantes pueden escanear su cuerpo en búsqueda de señales sensoriales. Cuando se percibe una señal sensorial, los meditadores simplemente reconocen la presencia de una sensación y la observan sin juzgarla de ninguna manera, tomando consciencia de si es agradable, desagradable o neutral, o de si es clara o sutil… Y siguen con el proceso exploratorio y en la búsqueda desprevenida de señales sensoriales adicionales. Con esta aproximación, las sensaciones siguen la atención: los meditadores mueven la atención y las sensaciones pueden (o no) aparecer.

También puede suceder que algunas sensaciones se manifiesten por sí solas, como si estuvieran llamando la atención. Un buen ejemplo bastante notorio y especial de esta situación, que puede ocurrir en la vida corriente o durante la meditación, se presenta cuando aparecen sensaciones de picazón que nos llevan a rascarnos. Muchas de las sensaciones que surgen durante la meditación suelen ser tan sutiles que, si no estuviéramos meditando, pasarían ignoradas.

Los meditadores dirigen la atención hacia donde perciben la señal sensorial nueva, la observan y esperan la llamada de otra señal sensorial que demanda ser percibida. En este enfoque, la atención sigue a las sensaciones.

Cuando las divagaciones aparezcan (y aparecerán repetidamente), los practicantes deben aterrizar la atención, sea para buscar y observar las sensaciones directamente, o para advertir la respiración y el flujo de aire dentro y fuera de las fosas nasales.

Los estudiantes pueden escanear libremente todo su cuerpo para detectar sensaciones en la secuencia que se prefiera; las sensaciones claras siempre aparecen primero. Cuando no hay percepción de ninguna señal sensorial en alguna área del cuerpo, los estudiantes deben permanecer imparcialmente conscientes de esa parte de su cuerpo y de la ausencia de sensaciones allí.

La vigilancia de las partes sin sensación alguna —de los *puntos ciegos*— en cualquier lugar del cuerpo es también parte de la gimnasia de la atención. La vigilancia del cuerpo es la meditación sobre el primer fundamento de la atención total. No debe haber inquietud alguna por el número de sensaciones (muchas, pocas, ninguna...), la variedad (clara o sutil, agradable, desagradable o neutral), o la naturaleza (calor, frío, sequedad, humedad, hormigueo, picazón...). El propósito es el ejercicio y el fortalecimiento de la capacidad de estar atentos.

Respiración y sensaciones

Las instrucciones para enfocar la atención en la respiración, a medida que el aire entra y sale a través de las fosas nasales, son sencillas. Algunas personas pueden considerarlas difíciles de seguir, pero ninguna persona las juzgaría como difíciles de entender. La focalización o la rotación de la atención alrededor de las sensaciones claras o las sensaciones de contacto tampoco dejan lugar a dudas o malinterpretaciones. No obstante, es conveniente repetirlo, la vigilancia de las sensaciones bien podría resultar ardua para los aprendices.

Por otro lado, tanto la descripción como la clasificación de las sensaciones sutiles son más imprecisas. Sutil significa... sutil; esto es, ligero, fino, débil. Comunicar inequívocamente la impresión o el efecto de las sensaciones sutiles es tan impreciso y confuso como explicar los sabores. Algunos principiantes experimentan y reconocen sensaciones sutiles poco después de comenzar su práctica; otros aprendices pueden requerir muchas horas de pacientes sesiones, concentrando la atención en su respiración, antes de percibir por primera vez las sensaciones sutiles. Al igual que no debemos perseguir la armonía interior, tampoco debemos perseguir las sensaciones sutiles. Tal esfuerzo frustrará a los meditadores y los desanimará de su práctica. En algún momento, más temprano que tarde, cada practicante percibirá sin ambigüedades las sensaciones sutiles.

Las sensaciones sutiles son, en general, agradables. No obstante, los estudiantes no deben intentar descubrirlas o inventarlas; ellas son sensaciones reales y finalmente aparecerán. Cuando esto sucede, la práctica de la meditación se convierte en una experiencia placentera y el aburrimiento ya no será excusa para huir de ella. Sin embargo, durante la meditación, los estudiantes no deben buscar ningún tipo de experiencia agradable ni luchar por evitar la confusión; una vez más, de lo que se trata es de que no haya expectativas positivas ni temores negativos.

Hay una estrecha relación entre el cuerpo y las sensaciones, y esto es más que obvio porque sentimos cada sensación en alguna parte del cuerpo. La consciencia de la respiración como algo que el cuerpo hace —la consciencia de la respiración como el ancla previamente descrita— proviene de notar o sentir el flujo de aire mientras entra o sale a través de la nariz. Este flujo de aire puede percibirse en varios lugares adyacentes: en las fosas nasales, alrededor de los anillos de las fosas nasales, o debajo de la nariz, arriba del labio superior.

El sitio exacto —el dónde y el cómo— puede ser diferente para cada persona. Sin embargo, la consolidación de los dos primeros fundamentos de la atención total en un solo elemento conforma un ancla muy fácil de describir, a partir de la relación entre respiración y sensaciones[39]. Los meditadores que eligen utilizar esta ancla de las sensaciones y la respiración consolidadas pueden estar

---

39 **Sensaciones alrededor de la respiración como un ancla**: El dúo respiración-sensaciones como un ancla para enfocar la atención no aparece en ninguna de las traducciones del *Satipatthana Sutta: The Foundations of Mindfulness* que este autor ha revisado. La traducción del *Mahasatipatthana Sutta, El Gran Discurso sobre la Constante Atención*, efectuada por U Jotika y U Dhamminda, sin embargo, describe esta ancla en una nota de pie de página. La organización Meditación Vipassana, que cuenta con numerosos centros en todo el mundo, enseña una técnica de meditación que centra la atención en las sensaciones alrededor de la respiración. Esta técnica es el punto de entrada de sus retiros de meditación de diez días.

atentos simultáneamente al flujo de aire entrando y saliendo de su nariz y a las sutiles sensaciones, de cualquier tipo, que perciben justo encima de su labio superior. La atención de los meditadores debe dirigirse al área en la que el flujo de aire toca la piel, dependiendo de donde cada individuo siente el contacto.

El objetivo central de la meditación de atención total

Resumiendo las secciones anteriores, la meditación de atención total —el punto de partida de la liberación de las segundas flechas— es una práctica durante la cual los meditadores se sientan en un ambiente tranquilo, adoptan una actitud pasiva, sin expectativa alguna y sin juicio alguno sobre la experiencia, y centran su atención en su respiración o en las sensaciones corporales.

Aunque debemos acercarnos a la meditación de la atención total sin ninguna ganancia o recompensa en mente, de su práctica obtenemos numerosos beneficios que serán cubiertos más adelante.

Por el momento, solo digamos que el principal motivo para meditar —y, de hecho, el beneficio más importante del ejercicio— es el desarrollo y fortalecimiento de la capacidad de atención en la vida cotidiana. La meditación gira pues alrededor del aprendizaje y la práctica de la vigilancia mental permanente. Cuando estamos meditando, estamos entrenando la mente —más exactamente el cerebro— para permanecer atentos.

A partir de este capítulo, la palabra *meditación*, por sí sola y sin calificativos, se refiere a la meditación de atención total. Si una referencia se relaciona con todos los enfoques de meditación —como se hace unas pocas veces— utilizaremos la expresión *meditación,* en general.

Capítulo 7

Obstáculos y favorecedores

La meditación no es el objetivo

Anteriormente era común burlarse de las personas que meditaban. "¡Quién sabe de qué secta será ese loco!", era una broma que se escuchaba con frecuencia. No es así en el tercer milenio y ni siquiera los más renuentes a cerrar sus ojos y sentarse quietos por un largo rato para observar su respiración se atreven a degradar la meditación. El mundo académico la respalda con los resultados positivos de centenares de estudios sobre el tema; los organismos de salud la recomiendan; las empresas la promueven entre sus empleados; las celebridades la practican…

Si los beneficios de la meditación de atención total son tan reconocidos, ¿por qué tan pocas personas meditan? La razón es simple: la mayoría de los reacios a la meditación la ven como una aburrida y larga pérdida de tiempo. Grave equivocación para quienes quizá esperarían divertirse mientras meditan, pues las rutinas involucradas no son un fin o un objetivo de nada; los largos periodos de silencio, varias veces a la semana, son apenas un medio, un instrumento. ¿Un medio de qué, un instrumento para qué? Veámoslo.

Los renuentes, en general, comparten las mismas disculpas para sacarle el cuerpo a la meditación y casi todos se declaran incapaces de quedarse callados e inmóviles por siquiera cinco minutos. Estos mismos individuos, sin embargo, rara vez reconocen la volatilidad permanente de su propia cabeza y, menos aún, su dificultad para concentrarse, no solo cuando intentan meditar sino también en sus tareas cotidianas.

Este déficit en la facultad de estar atentos es justo lo que abre la puerta para que las distracciones invadan la mente del antimeditador y la conviertan en una desbordada carrera de divagaciones.

Las digresiones y los rodeos mentales son de todos los tipos: el problema del momento en la casa, las cuentas por pagar, el partido del domingo, el sinvergüenza político que se está robando la plata…

¿Cuáles son los distractores más dañinos? Los deseos intensos (avaricias desordenadas, adicciones, ambiciones compulsivas), las aversiones (antipatías, fobias, odios obsesivos) y las opiniones sesgadas (políticas, religiosas, raciales). La inhabilidad para sentarse a meditar, reconocida por mucha gente, no es pues el asunto por resolver.

El verdadero problema radica en la dificultad para sostener fija la atención, sea en el flujo de aire por la nariz mientras se medita, o en la interacción de unas cuantas actividades por ejecutar, o de varios puntos de vista por consolidar en una asignación laboral... Muy pocos son los que aceptan tal debilidad. En consecuencia, cuanto más agitada la mente, mayor el beneficio de la meditación y más urgente el *tratamiento* para la deficiencia en la capacidad de concentración.

Los deportistas de todas las disciplinas, en general, entrenan con intensidad extrema esperando convertirse en excelentes atletas; esta dirección es apenas normal y tiene mucho sentido. No ocurre lo mismo —y no debe ocurrir— con los practicantes de la meditación. Nadie debe estar interesado en convertirse en un supermeditador; ni siquiera los monjes tibetanos con diez mil horas de *vuelo* lo hacen porque lo que ellos buscan son otras experiencias que están más allá del alcance de este libro.

La meditación, por sí misma, como lo hemos visto, no es pues un objetivo o un fin.

La meditación adiestra la mente en la quietud y en el silencio, y en su habilidad para permanecer atenta por periodos larguísimos. De allí resultan todas las ventajas de la práctica. ¿Cuál es el aliciente más importante? Justamente el fortalecimiento de la capacidad de atención en la vida rutinaria. Los demás beneficios vendrán por añadidura.

Obstáculos

¿Qué cosas impiden o desaniman la práctica de la meditación y, por consiguiente, el hábito de la atención total? Según el Buda, existen cinco obstáculos que dificultan su ejercicio[40]: la avaricia, la hostilidad, la pereza, el desasosiego y la duda. Tres de ellos —la avaricia, la hostilidad y el desasosiego— son muy específicos para la práctica misma; los otros dos —la pereza y la duda— se aplican a la iniciación de cualquier actividad que se quiera emprender. Repasemos brevemente estas condiciones.

La avaricia se refiere a los deseos desordenados de cualquier clase, sean de bienes, alimentos, sexo, conocimiento, prestigio o poder. La hostilidad incluye todas las aversiones —sean producto de la realidad o de la fantasía— a personas, cosas o eventos. Como formaciones condicionadas que son, la avaricia y la hostilidad son unas veces conscientes (esto es, sabemos de su presencia pero la toleramos) y otras veces inconscientes (no nos damos cuenta), y se manifiestan ambas como conductas perjudiciales o divagaciones recurrentes en la cabeza.

Desasosiego es el nerviosismo y la excitación que nos impide enfocar la atención en algo. El desasosiego se origina en los ataques permanentes de deseos intensos o aversiones nocivas (que conducen a la avaricia y la hostilidad) o a los rodeos mentales inofensivos (que desvían la atención).

Pereza es el fracaso continuo de la intención de sacar tiempo para meditar. Tal fracaso puede originarse en la negación de la presencia de la ansiedad y el estrés, en el desconocimiento de que son un problema, o en la asignación de una baja prioridad a la búsqueda de soluciones. En general, nadie traza planes de acción para hacer algo cuando de antemano reconoce la pereza que le dará la ejecución de las acciones exigidas por el nuevo hábito o el nuevo proyecto.

---

40 *Anguttara Nikaya 9.64: Nivarana Sutta*: *Hindrances*.

La duda es la falta de confianza en los beneficios de la meditación o la subvaloración de la práctica como algo ritualista o fetichista. La duda es producto de la ignorancia y, en la renuencia a iniciar cualquier tipo de cambio, es un aliado cercano de la pereza.

Favorecedores

La selección de los obstáculos descritos es un ejemplo sobresaliente de sentido común, del que tanta gala hace el Buda en sus enseñanzas. La meditación y la atención total como hábitos que quisiéramos adoptar, se volverían ilusorias si no superáramos esos cinco obstáculos. ¿Qué circunstancias o acciones removerían o debilitarían los obstáculos? El Buda sugiere siete favorecedores que nos ayudan a superar los cinco obstáculos; cuatro son específicos de la meditación y la atención total —la vigilancia de los deseos y las aversiones, la calma física y mental, el silencio y la ecuanimidad— y tres son de aplicación general a cualquier proyecto —la determinación, el estudio y el entusiasmo—.

La vigilancia de los deseos ayuda a controlar la avaricia; la vigilancia de las aversiones apoya en el manejo de la hostilidad. Los deseos desordenados y las aversiones, como condicionamientos mentales, actúan desde el subconsciente, entonces la simple acción de prestar atención a tales condicionamientos les resta poder y facilita su control.

El desasosiego, por su parte, es el peor enemigo de la atención. La vigilancia de los deseos y las aversiones, de la calma física y mental, del silencio y de la ecuanimidad, trabajan mancomunadamente en el control del desasosiego.

A la pereza la derrotamos por medio de la determinación, el quinto favorecedor. La pereza debemos conquistarla a punta de fuerza de voluntad. El reconocimiento de la ansiedad y el estrés, y su aceptación como un problema real que se puede conquistar, es el ingrediente clave para espolear tal determinación. Cuanto más daño nos hace una enfermedad, con mayor decisión procuraremos trabajar en la terapia curativa.

La duda la superamos a través de la comprensión del problema y del conocimiento de las formas de solucionarlo. Es necesario, por lo tanto, entender cómo funciona la meditación y tomar ventaja de las experiencias de otras personas. Además, cuanto mejor conozcamos los mecanismos de la ansiedad y del estrés y los beneficios de la meditación, más confianza desarrollaremos en la ejecución de su práctica.

Los principiantes deben buscar información y orientación que les ayude a tomar decisiones. De no hacerlo así, entrarán en un círculo vicioso, pues sus dudas solo desaparecerán cuando hayan experimentado directamente los beneficios de la atención total, pero ellos no comenzarán a meditar sino hasta cuando estén seguros de que produce resultados positivos.

Los aprendices deben iniciar siempre el viaje de la meditación con entusiasmo —el séptimo y último favorecedor—, inmersos en su resolución, con la alegría de los viajeros que visitan por primera vez sitios de reconocida fama y belleza. Una vez en su destino, confirmarán la veracidad de lo que otros les habían dicho y, después de vivir la experiencia placentera de los resultados, su entusiasmo será permanente.

Poco a poco, la práctica de la meditación y el ejercicio continuo de focalización intensa, aumentarán la atención total con un efecto de bola de nieve, que también resultará muy útil en la superación de los tres primeros obstáculos —la avaricia, la hostilidad y el desasosiego—.

Determinación: el favorecedor definitivo

Algunas personas, realmente muy pocas, encuentran la atención total tan fácil como si hubiesen nacido con tal atributo. Estos seres especiales, que permanecen atentos y *despiertos* todo el tiempo, dan la impresión de que tales condiciones hacen parte de su estado natural. Muchos de los pertenecientes a esta singular minoría consideran la meditación como un ejercicio innecesario que exige un tiempo tan considerable como desperdiciado[41]. Si estas personas alguna vez decidieran emprender la meditación, su práctica la efectuarían sin esfuerzo alguno.

El común de la gente, sin embargo, posee —poseemos— una mente agitada y divagadora, y tiene —tenemos— dificultad para seguirle de cerca la pista a lo que está sucediendo dentro de la cabeza; los obstáculos a la atención total hacen su trabajo perturbador de forma consistente y perniciosa. Esta es la razón por la cual para la mayoría inquieta y divagadora, la meditación se convierte en una condición sin alternativas para llegar a la atención total y la determinación en una cualidad imprescindible para las primeras sesiones de meditación.

Entre los favorecedores, la determinación es definitiva en la brega contra las dificultades, reales o imaginarias, que nos desaniman de la meditación (o de cualquier proyecto). De hecho, la determinación continua, no solo abre el camino hacia la *esquiva concentración*, sino que también promueve y crea espacio para la activación de los otros seis favorecedores.

La parte más fácil de la meditación es el conjunto inicial de instrucciones que el nuevo estudiante debe seguir. Cualquier meditador con experiencia limitada puede describir fácilmente tales instrucciones para los nuevos estudiantes. Los recién llegados no requieren de ningún conocimiento previo o habilidad especial para comenzar la práctica. "Del dicho al hecho, hay un gran trecho", dice el refrán, y la práctica en vivo de las sencillas instrucciones es un esfuerzo exigente y arduo para muchas personas. Meditar durante diez minutos es como una brisa fugaz; meditar durante una hora puede convertirse en una tormenta y un desafío muy diferente.

---

41 **Crítica negativa de la meditación**: El filósofo Jiddu Krishnamurti, un defensor de la atención pasiva, sin preferencias como elemento clave en el camino hacia la comprensión, es un crítico agudo de técnicas de meditación que requieren el enfoque de la atención en dispositivos verbales o físicos, tales como mantras o rosarios.

Nuestra determinación nos empuja a practicar, practicar, practicar... repetidamente, persistentemente. Todos sabemos, tanto de la experiencia directa como de escucharlo con repetida frecuencia, que "la práctica hace al maestro". También sabemos que el aprendizaje de tareas complejas debe iniciarse con tareas sencillas: los principiantes interesados en malabarismo siempre comienzan con tan solo tres objetos en el aire. Por lo tanto, cuando principiamos a meditar, debemos tener claro, primero, que es necesario perseverar y, segundo, que tenemos que enfocar la atención en anclas inequívocas (como la respiración o las sensaciones patentes).

Las historias sobre cómo la determinación conduce a la satisfacción de los objetivos abundan en todos los campos del esfuerzo humano. La mayoría de la gente ha presenciado o, al menos, ha escuchado ejemplos de tales relatos. Las crónicas deportivas de éxito a través de la persistencia son abundantes y bien documentadas. La siguiente historia ilustra la importancia de la resolución y la perseverancia:

Un amigo en el bachillerato, furibundo del fútbol, estaba decidido a convertirse en un exitoso guardameta desde su adolescencia. Sus prácticas de entrenamiento eran intensas, bien intensas. "¡Qué tarea tan aburrida!", pensaba este autor. En una de las rutinas, quizá la más común, su entrenador le lanzaba pelotas a corta distancia, unas veces a la derecha, otras a la izquierda. La práctica continuaba por horas, todos los días, durante semanas y meses. La futura estrella tuvo que agarrar tantos lanzamientos como pudo y siempre lo hizo con disciplina y consistencia. Para llegar rápido al final de la historia, con el paso del tiempo, este joven consagrado llegó a ser un arquero extraordinario [42].

---

[42] Alberto Sánchez, mi compañero de quinto de bachillerato (hoy décimo grado), se convirtió con el tiempo en el arquero titular de dos equipos profesionales de Colombia y, finalmente, llegó a ser guardameta de la selección nacional durante una temporada.

Los arqueros son entrenados con esta rutina (y con muchas otras) en cualquier equipo de fútbol. Los lanzamientos son progresivamente más difíciles de atrapar y las prácticas nunca se detienen. La concentración de los porteros en la interceptación de cada disparo, sin tiempo para juicios, es similar a la concentración de los meditadores en cada respiración o en cada sensación, sin evaluaciones de ninguna clase. La aplicación de la atención total de los porteros en las atajadas durante los partidos y de cada uno de nosotros durante las dieciséis horas que permanecemos despiertos cada día, son las situaciones reales en las cuales tanto arqueros como meditadores, respectivamente, se dan cuenta de los beneficios de sus sesiones de entrenamiento y de sus prácticas de meditación.

Evidentemente, la repetición continua de cualquier tarea conduce a su dominio y maestría. Sin embargo, la práctica de la meditación, para no asustar a los aprendices, no demanda la determinación extrema que los deportistas sobresalientes exhiben comúnmente. Mientras los objetivos y los retos del deporte son en su mayoría externos —la victoria, el reconocimiento, la fama, el dinero— y generalmente se persiguen con mucha constancia, las retribuciones de la meditación son internas y no debemos ambicionarlas. Sin necesidad de perseguir las recompensas, estas llegan: la meditación se hace progresivamente más fácil y la habilidad cotidiana de focalización, el premio no buscado, mejora sustancialmente.

¿Qué efectos tiene la repetición continua de una tarea —el resultado de la determinación en acción— en el cerebro? Como bien lo saben los neurólogos, el cerebro cambia y se acomoda —conexiones neuronales más fuertes, ramificaciones progresivamente más extensas en cada neurona y nuevas neuronas en algunos casos— cuando repetimos una y otra vez una tarea, desde atrapar o lanzar bolas hasta aprender un idioma o tocar un instrumento. Algo también cambia en el cerebro de los meditadores. En algún momento, después de la repetición persistente, la meditación se vuelve más simple y la atención total más natural.

Ciertamente, hay cambios químicos y físicos en el cerebro de los meditadores[43].

¿Qué hacen esos cambios neuronales a los practicantes de cualquier tarea repetitiva? La persistencia da frutos y los persistentes se vuelven más diestros en la actividad de turno, la cual, por lo tanto, les resulta más natural; es así para los músicos, los deportistas, los malabaristas, los operadores de máquinas y, obviamente, para los meditadores. El progreso en la meditación con su práctica intensa, sin embargo, es más acelerado que en otras disciplinas.

Oración mental

La oración mental, un ejercicio de introspección de la Iglesia católica, tiene cercanas similitudes con el formato de la meditación de atención total. Esta sección presenta tales semejanzas y explica el razonamiento detrás de la comparación. Algunas de las discrepancias entre las dos aproximaciones, por otra parte, también resultarán útiles en la comprensión de la importancia de la mente imparcial mientras meditamos. Tales discrepancias serán revisadas en el capítulo 11 cuando se discutan los riesgos de algunas prácticas mentales.

La oración mental es una forma silenciosa de oración practicada por los fieles católicos, durante la cual los devotos concentran su mente en el amor de Dios y a Él entregan incondicionalmente su voluntad. Santa Teresa de Jesús, una religiosa católica del siglo XVI, afirmó que la oración mental no es un acto de pensar

---

43 **La meditación aumenta la densidad de la materia gris**: Ha habido una serie de proyectos de investigación sobre los efectos de la meditación en el cerebro y sus funciones. Uno de ellos, un estudio controlado sobre sujetos que meditaron diariamente durante ocho semanas, identificó cambios en la densidad de materia gris en algunas áreas del cerebro, especialmente en el hipocampo, que están asociadas con la memoria, la empatía y el sentido del yo. El mismo estudio también encontró una reducción de la materia gris en la amígdala, una región conectada con la ansiedad y el estrés. El grupo de control no mostró ninguno de estos cambios. Bhanoo, Sindya N. *"How Meditation May Change the Brain"*. *The New York Times* (Health & Science), enero 28 de 2011, consultado el 14 de julio de 2012.

mucho, sino de amar mucho. Parafraseando la declaración de Santa Teresa, la meditación de atención total no es un acto de pensar mucho, sino de observar sin pensar en absolutamente nada. La expresión *oración interior* suele utilizarse en lugar de *oración mental* para reflejar el énfasis de la práctica en la emoción por encima del pensamiento o, más metafóricamente, en el corazón por encima del cerebro.

Otras religiones tienen rituales equivalentes, como la oración ascética del sufismo, la doctrina mística del islam. Aunque las prácticas meditativas sufíes tienen similitudes con la oración mental, sus variaciones pueden incluir rituales como la recitación, el canto y la danza, que no caben en la oración mental. Y, como es de esperarse, existen otras diferencias que provienen de la adhesión de los practicantes a las normas de sus respectivas religiones.

No hay un método como tal en la oración mental (o en el sufismo). Sin embargo, dos componentes parecen fundamentales en ambos casos: una fe absoluta en Dios (o en Alá) y en su misericordia, y una aceptación incondicional de su voluntad con total desapego de las posesiones o propósitos mundanales. En consecuencia, la persona que reza recibirá humildemente lo que su divinidad elija proveerle o asignarle, incluyendo la pobreza, la enfermedad y aún la desaparición de sus seres queridos.

Meditación y oración mental

Algunas personas creen en los beneficios potenciales de la meditación (solo parcialmente cubiertos hasta ahora) y, por lo tanto, estarían interesados en practicarla. Sin embargo, los obstáculos antes descritos entorpecen el trabajo de los aprendices cuando estos no actúan con la determinación requerida para superar tales obstáculos. Como resultado, las buenas intenciones no llegan lejos y nunca comienzan a meditar formalmente.

Esas personas están lejos de ser casos aislados en su frustración. El número de meditadores regulares, no solo con el enfoque de la atención total, sino también incluyendo las prácticas meditativas no religiosas de todos los tipos, es muy bajo en comparación con los millones de libros y audios que se han vendido sobre el tema. El entusiasmo inicial de muchos estudiantes con las primeras sesiones se desvanece pronto y solo una fracción de los interesados inicialmente continúa practicando de manera continua y regular. La mayoría de los principiantes abandonan su ánimo inicial después de unas cuantas semanas o unos pocos meses.

¿Va a cambiar esta tendencia negativa? Hay algunas señales en esa dirección. Aunque el interés académico y mediático en la atención total está creciendo, la base actual de estudiantes comprometidos es aún baja. Sin embargo, el número total de meditadores no es la pregunta importante para nadie, ni *para mí*, específicamente, como el participante interesado, pues lo que *me* incumbe y afecta es *mi propia ansiedad y mi propio estrés*. La pregunta clave es si yo, la persona que se sentaría con los ojos cerrados, debería o no meditar.

Así pues, cada persona tiene que revisar su propio sufrimiento y actuar en consecuencia. Aparte de insistir en la atención cuidadosa a los obstáculos que descorazonan la buena intención y la aplicación disciplinada de los favorecedores, solo hay una recomendación adicional para tener en cuenta en este punto: la parte más difícil de la práctica de la meditación es el comienzo, no la primera semana sino los primeros meses. La dificultad de la meditación disminuye sustancialmente a medida que ganamos experiencia.

Es aquí donde las exhortaciones de Santa Teresa de Jesús sobre la oración mental podrían resultar muy alentadoras porque los obstáculos y los favorecedores en la oración y en la meditación deben actuar de manera similar. Es un hecho afortunado que la monja católica haya documentado minuciosamente sus experiencias místicas[44]. Aunque la oración y la meditación son

---

44   Santa Teresa de Jesús. *La vida de la Madre Teresa de Jesús y algunas de las mercedes que Dios le hizo*, escritas por ella misma. Sitio en Internet de la Biblioteca virtual Miguel de Cervantes. Recuperado el 29 de diciembre, 2012.

muy diferentes en propósito, tienen similitudes de procedimiento. Una vez más, las semejanzas están en los procesos; sus contenidos y objetivos no solo son diferentes, sino que existen conflictos entre ellos. El punto que se quiere enfatizar —cuanto con más frecuencia y por más tiempo meditemos, más fácil nos resultará la tarea— es respaldado por las bellas metáforas con las que la monja describe la forma como la oración mental se vuelve espontánea y natural en cuanto le dediquemos suficiente paciencia y tiempo.

Santa Teresa compara la dificultad decreciente de la oración mental con los cuatro métodos que la gente del campo en su época podría aplicar en el riego de sus cultivos. Refiriéndose a la oración, ella explica la secuencia facilitadora que podemos esperar en el hábito de la meditación, dejando aparte, por supuesto, cualquier contexto religioso.

Al comienzo —la parte más difícil—, la monja católica consideraba que el inicio de la práctica de la oración mental (o la meditación, en la comparación) era como sacar manualmente el agua de un pozo y llevarla hasta el sembradío, balde por balde, lo cual requeriría, por supuesto, esfuerzos enormes y agotadores. Después de unos días, las cosas empiezan a mejorar con una segunda alternativa, en la cual los agricultores podrían usar una noria para subir el agua del pozo a la superficie y algunos canales para llevar el líquido a sus huertos; este procedimiento sigue siendo oneroso, pero requiere menos trabajo y proporciona mejor riego a los surcos. Para los devotos orando (o meditando), las mejoras de eficiencia resultan de un *primer salto* en la habilidad para meditar.

Con una mayor persistencia, una tercera opción más conveniente se hace evidente. Los agricultores podrían hacer zanjas de riego, que transportarían el agua desde un río o un arroyo. El suelo obtendría suficiente agua y los propietarios de las granjas tendrían que trabajar mucho menos. Nadie encontraría dificultad alguna para hacer un hábito de la oración mental (o de la meditación) si las cosas fueran tan fáciles.

Finalmente, en la cuarta alternativa, los granjeros se atendrían a las aguas del Señor (o a las aguas de una mente sin condicionamientos) y esperarían que sus divinas lluvias (las lluvias apacibles de la mente silenciosa) hicieran todo el riego. Esta sería la opción óptima para el agricultor y, sin duda, mejor que todas las anteriores. Esta metáfora, probablemente correcta en el siglo XVI, no sería aplicable en las condiciones cambiantes del estado del tiempo en el mundo contemporáneo.

"Si perseveráis en vuestras oraciones contemplativas, Dios no se esconderá de nadie", dijo la santa católica. Parafraseando sus palabras, si perseveramos en la práctica, la meditación de atención total se volverá fácil y natural para cualquier persona.

Sin embargo, a través de las explicaciones de las narraciones de los místicos o de los meditadores experimentados, no es posible persuadir a nadie acerca de la facilidad creciente que supone la práctica continua de la meditación. Nadie se vuelve diestro en ninguna tarea a través de discursos o textos. Solo la experiencia directa de cada individuo finalmente acabará con su indecisión y resistencia iniciales.

Por difícil que sea, si somos capaces de dedicar tiempo a sesiones continuas y frecuentes de meditación, nos volveremos cada vez más conscientes de la multitud de eventos reales y mentales que la cabeza procesa cada minuto durante la vida cotidiana, y de la forma en que tales eventos afectan el comportamiento y el estado mental. Entonces la facilidad, las cualidades y las ventajas de este desafiante ejercicio le aparecerán espontáneamente a sus practicantes.

Capítulo 8
Estados mentales

Meditación y estados mentales

Cuando meditamos, centramos la vigilancia mental en anclas específicas con la intención de ejercitar y mejorar la atención total, esto es, de perfeccionar la habilidad para permanecer alerta. Las anclas de la atención, como se mencionó anteriormente, son de dos categorías: la primera comprende las anclas asociadas con el cuerpo y algunas de sus funciones; la segunda cubre las sensaciones en el cuerpo. La respiración es el ancla reina en la primera categoría; la focalización en las sensaciones en algún punto del cuerpo es un ejemplo típico de la segunda. Las dos categorías están interconectadas: cuando la atención se dirige hacia una función o una parte del cuerpo, experimentamos sensaciones sutiles en el foco de la atención. Recíprocamente, percibimos sensaciones a lo largo y ancho del cuerpo.

La atención total, la permanente observación de la vida a medida que se desenvuelve, va más allá de la meditación. Además de la vigilancia pasiva del cuerpo y de las sensaciones, la atención total también supone vigilancia pasiva de los estados mentales. ¿Podemos meditar utilizando los estados mentales como anclas? ¿Deberíamos o necesitaríamos, además, focalizar la atención en los estados mentales cuando meditamos?

El estado mental es una condición de la mente en la cual las cualidades que lo caracterizan son relativamente constantes. No obstante, la estabilidad de las cualidades características puede ser baja. En consecuencia, la duración de algunos estados mentales es breve y fugaz, mientras que otros pueden sostenerse por periodos largos, aún de semanas o meses.

Sí, bien podríamos sentarnos a meditar fijando la atención en la presencia o ausencia de avaricia, ira, miedo u odio, entre muchas otras posibilidades, y observando su naturaleza variable.

No, no es necesario que lo hagamos; de hecho, no es una práctica deseable por una simple razón: sería un esfuerzo complejo e innecesario, con explicaciones confusas y complicadas. Las instrucciones de cualquier forma de meditación deben ser siempre sencillas, como lo son las guías para enfocar la atención en la respiración o en las sensaciones. Los estados mentales, dado que son ambiguos e inestables, no son apropiados para ser utilizados como anclas en la meditación.

La observación de los estados mentales se refiere a la constante vigilancia pasiva y desprevenida que debemos mantener de tales estados en el transcurso de la vida diaria, independientemente de las acciones que estemos ejecutando. Tal vigilancia es parte integral de la atención total, pero resultaría inútil como procedimiento de meditación.

Mente y estados mentales

Regresando entonces a la atención total, ¿cómo observa la mente los estados mentales? Más específicamente, ¿cómo observa la mente lo que ella misma está haciendo? La vigilancia de los estados mentales es como si alguien se estuviera mirando a sí mismo en una especie de espejo imaginario.

Las raíces de la ansiedad y el estrés —los deseos intensos, las aversiones y los sesgos mentales— nos ayudan a distinguir los estados mentales dañinos de los que podemos y debemos estar atentos. Por ejemplo, la avaricia, el apego y los celos son estados mentales conectados a los deseos intensos; la ira, el odio y la repugnancia están relacionados con las aversiones; la parcialidad, el fanatismo y la intransigencia están asociados con la obnubilación[45].

---

45 **Estados mentales perjudiciales y provechosos**: La ausencia de estados mentales perjudiciales no implica la presencia de un estado saludable recíproco. Puesto que los estados mentales son imprecisos y ambiguos, no siempre tienen opuestos definidos y claros. Sin embargo, existen algunos dúos opuestos inequívocos, como avaricia-generosidad, desapego-apego, amor-odio y fanatismo-tolerancia.

Aprendemos a permanecer pasivamente atentos en las actividades comunes a través de la práctica continua de la meditación, con una atención aguda y sutil en el cuerpo o en las sensaciones. La atención total de los estados mentales es similar a la observación imparcial de la respiración o de las sensaciones pero, en vez de estas, simplemente notamos la presencia de la avaricia, la ira, la parcialidad o lo que sea, sin juicio, sin reacción, sin tratar de cambiar nada. El apéndice 2 contiene las pautas ofrecidas por el Buda para la observación pasiva de los estados mentales.

Algunas veces podemos darnos cuenta de las señales corporales (la postura, el ritmo respiratorio, las sensaciones) que aparecen o están asociadas con el estado mental del momento; no obstante, nos abstenemos de hacer cosa alguna con lo que estamos observando. Es como si estuviéramos mirando nuestra imagen en un espejo, esta vez sí real, sabiendo que no podemos modificar nuestra raza, sexo, edad o cualquier otro rasgo físico, y simplemente aceptamos lo que está allí. Tampoco debemos esperar que nos suceda algo mientras miramos esa imagen.

La conveniencia de la atención total y el efecto positivo asociado con su práctica radican en el hecho de que la simple observación de un estado mental negativo tiende a desactivar los efectos dañinos: si observamos la ira que estamos experimentando, es posible que nos calmemos; si miramos la tristeza que estamos atravesando, sus causas quizá nos parezcan menos dolorosas. Por supuesto que no debe haber frustración alguna, si los efectos reconfortantes en estas situaciones o en otras parecidas no suceden.

Efectos similares ocurren en algunas circunstancias comunes. Miremos dos ejemplos: cuando alguien nos pregunta por qué estamos caminando tan rápido, es probable que dejemos la prisa antes de responder. Y si alguien nos interroga acerca de lo que estamos pensando, la mente podría quedarse en blanco por unos segundos, quizá hurgando en el cerebro para recordar por dónde andaba en ese momento.

Los estados mentales negativos —avaricia, ira, intransigencia… (la lista es larga)— son señales claras de ansiedad y estrés;

todos ellos son estados dañinos que provienen de condicionamientos mentales perjudiciales. Mientras estamos atentos, puede
suceder que no haya estados dañinos presentes o *escondidos* y sí,
en cambio, estemos pasando por algunos de los estados saludables que van paralelos a la armonía interior (desapego, tolerancia,
imparcialidad…).

También debemos tomar consciencia de estos estados saludables, sin juicio, sin reacción, sin intención de reforzarlos. Los estados saludables, en contraposición a los nocivos, no se desactivan
cuando los observamos, sino que se quedan allí, y no debemos
sentirnos orgullosos o victoriosos a causa de estas experiencias
positivas. Una consciencia clara e imparcial de estos estados mentales positivos es tan importante como la observación de los equivalentes dañinos.

Sensaciones y estados mentales

Como se mencionó anteriormente, las emociones y las señales
sensoriales ocurren principalmente en el cuerpo (afuera del cerebro) [46], mientras que los sentimientos y las percepciones ocurren
por dentro del cerebro mismo. La palabra *sensación*, una de las
anclas de la meditación, se utiliza en referencia a la combinación
de una señal sensorial y su percepción; aunque las percepciones
ocurren en el cerebro, sentimos las señales sensoriales dondequiera que ellas sucedan en el cuerpo. Recordemos que percepción
es la interpretación que el cerebro hace de las señales sensoriales.

---

46 **Emociones originadas en el cerebro**: Las emociones y las señales sensoriales
generalmente, pero no siempre, ocurren en el cuerpo. Un ejemplo de una excepción es el estado emocional que podría resultar de recordar las circunstancias pasadas durante las cuales alguien, por ejemplo, se enoja con bastante ira o se asusta
a nivel de terror. El solo recuerdo de tales circunstancias, que ocurre obviamente
en el cerebro, podría traer de vuelta las emociones que se sintieron la primera vez.
Con solo recordar, algunas personas llegan incluso a apretar los puños o a ponerse
pálidas, eventos estos que ocurren en el cuerpo. Los recuerdos de estas circunstancias, generadoras de ira o miedo, obviamente ocurren en el cerebro.

¿Cómo conectamos sensaciones, estados mentales y sufrimiento? El sufrimiento, ya se mencionó, es un sentimiento de trasfondo. A medida que reforzamos la capacidad de atención, estaremos cada vez más atentos a las señales sensoriales —ya sean asociadas con emociones (como pulso cardiaco rápido, respiración acelerada o puños apretados)—, con condiciones corporales —dolores, movimientos o funciones— o con contactos externos —imágenes, sonidos o rozamientos—. El resultado es una mayor consciencia de los sentimientos de trasfondo y de la corriente completa de los sentimientos cambiantes. En pocas palabras, una mayor consciencia de los estados mentales.

No nos sentamos pues a meditar alrededor de los estados mentales, sino que, centrando la atención en las sensaciones mientras meditamos, desarrollamos la capacidad de atención para ser más conscientes de las emociones y señales sensoriales que preceden al sufrimiento.

Capítulo 9
Más allá de la meditación

Ocho prácticas o hábitos

Aunque la meditación tiene muchísimos beneficios, su objetivo primario es el fortalecimiento de la capacidad de atención. De la misma forma, aunque la atención total por sí misma también supone ventajas extraordinarias, su objetivo principal es la eliminación del sufrimiento. Cualesquiera que sean los resultados de estos hábitos —la mejora de la salud, el crecimiento espiritual o el control de las emociones negativas, entre muchos otros—, no deben distraernos del propósito fundamental, que, al final de cuentas, es la eliminación de la ansiedad y el estrés. ¿Hay otras acciones por realizar que nos impulsen en esta, la dirección correcta? ¿Hay otros procedimientos para el logro de semejante objetivo tan meritorio?

Sí, hay algunas actividades adicionales que nos ayudan a mantenernos en el camino correcto mientras luchamos contra los deseos intensos, las aversiones y las opiniones sesgadas. No, estas otras acciones no son alternativas sino complementos que apoyan a la consecución del objetivo central. La atención total es el camino real hacia la liberación de la ansiedad y el estrés. Su ejercicio, en sí mismo, puede conducir al destino deseado.

En conjunto, según el Buda, existen ocho hábitos o prácticas, que podemos aplicar en la lucha contra el sufrimiento[47]. Estos ocho hábitos se designan como opinión, pensamiento, lenguaje, acción, ocupación, determinación, atención total y meditación.

---

47   **El camino**: El camino hacia la eliminación del sufrimiento, la cuarta verdad del Buda, es un conjunto de ocho hábitos o prácticas que conforman su receta expandida para acabar con el sufrimiento. En las traducciones del Canon Pali, la palabra "recto" (o recta) precede a la denominación de cada hábito. Cada práctica tiene varias traducciones al inglés. Una versión típica de los ocho ítems es: recta visión, recto pensamiento, recto lenguaje, recta acción, recta ocupación, recto esfuerzo, recta atención,

En la mayoría de las traducciones de las enseñanzas del Buda se antepone el adjetivo *recto* o *recta* a cada hábito; eso es recta opinión, recto pensamiento, recto lenguaje, etc. En este libro se ha efectuado una ligera variación a tal dirección y hemos mantenido el adjetivo *recto* solamente delante de los cinco primeros elementos: recta opinión, recto pensamiento, recto lenguaje, recta acción y recta ocupación. Por considerarlo redundante, para los tres hábitos restantes —determinación, atención total, meditación de atención total— no agregamos ningún adjetivo.

Estas ocho prácticas, que incluyen la atención total (la séptima) y la meditación (la octava), son una combinación de acciones y procedimientos que se refuerzan mutuamente hacia un solo objetivo y que podemos visualizar simultáneamente como los enfoques que aplicamos para combatir el sufrimiento y como las armas que utilizamos en esta lucha pacífica.

La recta opinión y el recto pensamiento se conocen como los hábitos de la sabiduría; el recto lenguaje, la recta acción y la recta ocupación se consideran los hábitos de la virtud; la determinación, la atención total y la meditación son las prácticas de la disciplina.

Las prácticas de la sabiduría (recta opinión y recto pensamiento) y la virtud (recto lenguaje, recta acción y recta ocupación) implican que debemos abstenernos de hacer ciertas cosas. Por lo tanto, estos son hábitos pasivos. Las prácticas de la disciplina, en cambio, implican efectuar tareas, esto significa que son hábitos activos.

Las restricciones de los hábitos de la sabiduría y de la acción —las recomendaciones para abstenernos de hacer ciertas cosas— implican que debemos permanecer atentos y vigilantes de ellas, justamente para inhibirnos de efectuarlas. Por lo tanto,

---

recta concentración. Las denominaciones de este libro son, por supuesto, paralelas a la traducción típica. Aunque equivalentes en general, las palabras utilizadas aquí no coinciden con las enumeradas anteriormente y el adjetivo recto se omite en los tres últimos hábitos. La elección en este libro es la siguiente: recta opinión, recto pensamiento, recto lenguaje, recta acción, recta ocupación, determinación, atención total y meditación de atención total.

las restricciones asociadas involucran la responsabilidad de permanecer conscientes, de no infringir las limitaciones indicadas. En otras palabras, la atención total es como una sombrilla que cubre los cinco hábitos iniciales.

Disciplina

Comenzamos la revisión de los ocho hábitos con las tres prácticas de la disciplina. Mientras que la atención total —el séptimo hábito— y la meditación —el octavo— ya fueron presentadas en detalle, la determinación —el sexto— fue cubierta solo someramente. La determinación es el factor favorecedor más importante de la atención total pues conduce a la superación —y en el caso ideal a la destrucción— de las barreras que nos llevan a posponer la meditación y la atención total, y a dejar su adopción para *más tarde*.

Al meditar y al permanecer atentos, estamos actuando efectivamente contra la ansiedad y el estrés. A medida que desarrollamos la capacidad de atención, el viaje hacia la eliminación de las segundas flechas, las dolorosas y permanentes, se hace progresivamente más fácil. Sin embargo, el comienzo del camino podría resultar difícil y, en consecuencia, la determinación —como un hábito— se convierte en el factor crítico. Debemos aplicar la determinación no solo a la meditación y a la atención total, sino también a los dos hábitos de la sabiduría y a las tres prácticas de la virtud. Posteriormente, la determinación se discutirá de nuevo, esta vez por fuera del contexto de la ansiedad y el estrés, para resaltar su importancia como el ingrediente clave de cualquier transformación personal u organizacional.

Determinación como práctica

Como se mencionó anteriormente, el sufrimiento se comporta de manera similar a las bacterias que están siempre dispuestas a infectar cuando desprevenidamente se baja la guardia. La determinación, el esfuerzo consciente para ejercer la fuerza de voluntad, debe apuntar a controlar tales bacterias, haciendo todo lo que sea necesario para favorecer la salud y contrarrestar las infecciones. Las medidas por tomar incluyen acciones como alejarnos de los lugares donde las bacterias están presentes, desplazarnos a los sitios donde están ausentes, vacunarnos contra ellas, tomar antibióticos (si ya hay contagio), evitar los alimentos donde prosperan, etcétera.

Del mismo modo, en el camino hacia la liberación del sufrimiento, el hábito de la determinación establece cuatro recomendaciones del mayor sentido común[48]. De acuerdo con estas recomendaciones, siempre debemos:

• Reforzar y mantener permanentemente aquello que nos está empujando en la dirección apropiada: hacer más de las acciones probadamente efectivas que ya se están efectuando.
• Tomar las acciones novedosas que sabemos que van a apoyar el logro del objetivo: iniciar acciones favorables que aún no se están aplicando.
• Suspender todo aquello que retrase el viaje hacia la meta deseada: no hacer lo que causa daño.
• Evitar hacer aquellas cosas que aunque no se están haciendo ahora, sí tenemos claro que, en caso de efectuarlas, causarían daño: no adquirir costumbres dañinas.

---

48 **Determinación y análisis DOFA**: Las cuatro avenidas de la determinación presentan una interesante semejanza con una metodología de gestión conocida como análisis DOFA (Debilidades, Oportunidades, Fortalezas y Amenazas que existen dentro o alrededor de cualquier organización). La aplicación del análisis DOFA tiene como objetivo la corrección de las debilidades, el aprovechamiento lucrativo de las oportunidades, la utilización de las fortalezas y el control de las amenazas. La práctica de la determinación es la aplicación de una especie de análisis DOFA en la batalla contra el sufrimiento. Dentro de este paralelo, es necesario: 1) Mantenerse alejado de las circunstancias perjudiciales conocidas y controlar las consecuencias dañinas de los defectos (Debilidades). 2) Aplicar las cualidades que ya se poseen para tomar ventaja de las circunstancias favorables existentes y de las cuales aún no se ha sacado provecho (Oportunidades). 3) Reforzar la aplicación de las cualidades beneficiosas que se poseen y que ya se están utilizando con éxito (Fortalezas). 4) Impedir la acción de las características negativas y el efecto de las circunstancias nocivas que podrían aumentar el sufrimiento aunque aún no estén activas (Amenazas).

En consecuencia, si la meditación apacigua, meditemos entonces por más tiempo y con más frecuencia. Si reunirnos con ciertas personas distrae la mente de los problemas y la negatividad, hagámoslo con más frecuencia. Si las películas tristes nos deprimen, pues evitémoslas. Si alguien o algo nos produce fastidio, evitemos esa persona o ese evento. En cada caso, observemos los sentimientos y pensamientos que pasan por la mente, así como las señales sensoriales que aparecen en el cuerpo y, sin buscar explicación alguna, seamos conscientes de la experiencia.

Los ejemplos anteriores dan cabida a una reformulación de la narrativa de determinación como hábito que cambia el énfasis de las actividades en sí mismas —lo que debemos hacer o evitar— hacia la forma como la mente siente y percibe tales eventos. Por lo tanto, para ejercer la práctica de la determinación, es necesario estar permanentemente conscientes de la forma como cada evento afecta la ansiedad y el estrés: si un evento disminuye el sufrimiento, deberíamos repetir a menudo la experiencia correspondiente; si, por el contrario, el acontecimiento aumenta la ansiedad y el estrés, debemos consecuentemente evitarlo.

Capítulo 10
Sabiduría y virtud

Hábitos pasivos

Sabiduría es la sensatez y la comprensión que posee una mente libre de deseos desordenados, aversiones dañinas y opiniones sesgadas. Los hábitos de la sabiduría —recta opinión y recto pensamiento— están dirigidos hacia la observación del mundo interior, esto es, a lo que ocurre dentro del cerebro recordador y analítico.

Los dos hábitos de la sabiduría son subjetivos pues ocurren exclusivamente dentro de la cabeza y son invisibles para otras personas. Sin embargo, la recta opinión y el recto pensamiento sí afectan el comportamiento de quienes los cultivan, pues las opiniones, que pueden ser imparciales o sesgadas, definen el marco en el cual se desenvuelven los pensamientos. Los pensamientos, a su vez, influyen en el lenguaje y afectan nuestras acciones, y estas se conectan con nuestra ocupación. La fortaleza de los eslabones de esta cadena hace inevitable la secuencia de los eventos. Cada hábito repercute en el siguiente. Si los practicamos todos, la armonía interior aparece; y si nos desviamos en cualquiera de ellos, las segundas flechas del sufrimiento nos punzarán.

Las prácticas de la virtud cubren la atención a las relaciones con el mundo exterior y, más específicamente, las relaciones con otras personas. Los hábitos de la virtud —recto lenguaje, recta acción y recta ocupación— se aplican en el comportamiento social y se ejercen en la interacción cotidiana con los grupos humanos que nos rodean. A diferencia de las prácticas de la sabiduría, que son privadas, las prácticas de la virtud son públicas y observables.

Con algunas diferencias en su forma de aplicación o en su denominación, los hábitos de la virtud aparecen en los preceptos de la mayoría de las religiones, así como en los códigos de conducta de muchos grupos y organizaciones.

Las prácticas de la virtud son de elemental sentido común. La conocida regla de oro proporciona el mejor y el más breve marco de referencia para el significado de la virtud, a pesar de que no establece preceptos, mandamientos o códigos de conducta de ninguna clase. Las palabras de Jesús en el Sermón de la Montaña difícilmente pueden ser más sucintas [49]: "En todo traten ustedes a los demás tal y como quieren que ellos los traten a ustedes".

El mensaje del Buda sobre el mismo tema tiene un significado similar [50]: "Como otros son, así también yo soy; como yo soy, así también son los demás".Y en otro aparte dice el Sabio [51]: "Véase a usted mismo en todos los demás; entonces, ¿a quién le puede hacer daño? ¿Qué daño puede causarles?". Aunque la redacción podría cambiar en cada religión, la esencia es similar.

Como la regla de oro, las prácticas de la sabiduría y de la virtud, en conjunto con las de la disciplina, no conducen a recompensas por buen comportamiento ni a castigos por mala conducta. Caminar la senda hacia la liberación del sufrimiento no nos lleva a paraísos, así como tampoco desviarnos de ella nos envía a pavorosos infiernos. Allá arriba o allá afuera no hay juez de ninguna clase dictando veredictos o imponiendo sanciones al final del recorrido. El juez se encuentra dentro de cada individuo.

En el ejercicio de la disciplina, la sabiduría y la virtud, el mal o el bien de cualquier cosa que pensamos, decimos o hacemos —más exactamente, su daño o su beneficio— se manifiesta en el aumento o la disminución de la ansiedad y el estrés. El castigo de los actos impropios o nocivos es una intensificación del sufrimiento, que finalmente se vuelve intolerable. La recompensa por los actos honestos o bondadosos es la reducción progresiva del mismo sufrimiento y, cuando finalmente cesan la ansiedad y el estrés, la puerta de la mente se abre de par en par para que

---

49 *Mateo 7:12. Lucas 6:31* también contiene un texto muy similar: "Haz a los demás lo que quisieras que te hicieran a ti".
50 *Khuddaka Nikaya: Sutta Nipata III.11, Nalaka Sutta: To Nalaka.*
51 *Khuddaka Nikaya: Dhammapada 129-130: The Path of the Teachings 129-130.*

la armonía interior entre espontáneamente. En cualquiera de las dos alternativas, el castigo del sufrimiento o la recompensa por su desaparición resultan exclusivamente del comportamiento de cada persona.

Recta opinión

La imparcialidad caracteriza a la recta opinión y puede considerarse su sinónimo. Las opiniones son el punto de vista y la forma como miramos a una persona o situación, sean sus cualidades, sus componentes, su procedencia, su propósito o su relación con los alrededores. Tendemos a creer que las cualidades de los objetos físicos son intrínsecas e independientes de los ojos de los observadores. Quizá las cualidades sí, pero las percepciones no. El contenido de la mente del observador interfiere con la realidad que está *allá afuera*. Cada persona ve cada cosa de diferente manera. Con frecuencia los comentarios de varios observadores que curiosean una situación o un objeto determinados son tan diferentes que podría ponerse en duda, con cierto grado de asombro, si todos ellos están mirando en la misma dirección.

En temas subjetivos, tales como historias, conceptos, hipótesis, definiciones o motivaciones detrás de algo, las opiniones se vuelven extrañamente inciertas y disímiles. Dado que tales asuntos carecen de cualquier realidad tangible, las experiencias, los sentimientos y las predisposiciones de quienes los juzgan colorean el punto de vista de cada cual, que termina convirtiéndose en una opinión.

Las opiniones siempre son sesgadas. Cuando están relacionadas con asuntos irrelevantes, son inofensivas y no hay problema alguno si estamos en desacuerdo sobre la calidad de una película o la confiabilidad de una historia ingenua. No obstante, cuando se cubren temas como religión, política, raza, afiliaciones a cualquier causa sectaria o adhesiones insensatas a equipos deportivos, las opiniones se convierten en convencimientos polémicos que chocan con las opiniones de otros y conducen a la discordia y a la violencia. Las opiniones se vuelven particularmente relevantes en las creencias metafísicas, las más abstractas de todas las opiniones, donde residen las raíces de todas las religiones. La adicción a las opiniones es una forma muy sutil y común de dependencia. Los mecanismos de las opiniones son similares a los de los deseos intensos y las aversiones y, como estos, también nublan la comprensión y conducen a la ansiedad y el estrés.

La gente no puede desprenderse fácilmente de las opiniones sesgadas porque son condicionamientos mentales incrustados como código neuronal en el cerebro. La mente trabaja con las imágenes que desarrolla del mundo exterior sobre la base de las señales sensoriales recibidas a través de los sentidos. Siempre nos relacionamos con esas imágenes a través de los condicionamientos mentales asociados, no con los objetos que representan o con las señales sensoriales que recogen los sentidos. No podemos interactuar directamente con la realidad inaccesible del mundo exterior; nunca sabemos con precisión incontrovertible cómo es esa realidad de *allá afuera*.

Por ejemplo, odiamos o amamos la imagen mental que tenemos de una persona, esto es, los condicionamientos mentales que califican a esa persona desde nuestro punto de vista, no la realidad de esa persona —su identidad física y su identidad simbólica— porque nunca sabremos exactamente qué o cómo tal persona es. Si la realidad absoluta de alguien fuera discernible, todo el mundo tendría exactamente la misma opinión de *cada uno* de los demás, y todo el mundo amaría u odiaría a ese individuo, exactamente de la misma manera. En consecuencia, el odio o el amor por alguien provienen de los condicionamientos mentales —de las opiniones que tengamos de ese alguien— que carecen de cualquier realidad física observable o medible.

La actitud ideal con respecto a creencias y opiniones sesgadas debería ser la imparcialidad. La imparcialidad, más allá de equidad u objetividad racional, es el total desprendimiento de las opiniones.

"La recta opinión es la ausencia de opiniones (sesgadas)", dice el monje budista vietnamita Thich Nhat Hanh[52].

¿Cómo nos separamos de las creencias y opiniones sesgadas? ¿Cómo podemos llegar a ser imparciales? La aproximación a esta buena intención es el hábito de la recta opinión, que es equivalente a la aplicación de la atención total a todas las opiniones. Las opiniones deben ser observadas cuidadosamente, tomando consciencia de los sentimientos y las percepciones que nos generan. No es posible separarse de una cosa a la cual le negamos —no le reconocemos— nuestro apego.

Cuando hay imparcialidad, no tenemos afecto por ninguna opinión, y mucho menos interés en imponerla a los demás. Cuando somos imparciales, los puntos de vista son flexibles y podemos ver las cosas desde diferentes ángulos. Las personas imparciales también respetan las creencias de todos los demás. La imparcialidad dispersa las nubes entre los hechos (los objetos) y nosotros (los sujetos), y nos hace verdaderamente neutrales y conciliadores.

Recto pensamiento

La aplicación apropiada de la práctica del recto pensamiento, como un apoyo a la eliminación de la ansiedad y el estrés, es la atención total a los pensamientos. ¿Difícil? ¡Muchísimo! En general, somos conscientes —o al menos eso creemos— de los pensamientos en los que el cerebro se concentra intencionalmente, como cuando estamos trabajando o escribiendo.

Sin embargo, aun cuando nos concentramos a propósito, el cerebro, inquieto permanente, divaga y se distrae de manera indiscriminada. Unas veces las digresiones alejan la mente de las actividades en las cuales quisiéramos enfocarnos (como leer o prestarle atención a quien nos habla). Otras veces los rodeos

---

52 Thich Nhat Hanh. *The Heart of the Buddha's Teaching: Transforming Suffering into Peace, Joy and Liberation.* Berkeley, California: Broadway Books, 1999.

ocurren en paralelo con aquellas actividades que no demandan cuidado (como caminar, conducir o estar a la expectativa de algo). ¿Cómo podemos permanecer conscientes de tales invasiones al azar? Cuando intentamos observar los pensamientos, no los estamos juzgando o analizando porque esto resulta imposible. Lo que debemos hacer, o intentar hacer, es reconocer la existencia y la clase de pensamientos que están ocurriendo —los pensamientos de deseos intensos como deseos intensos, los pensamientos de aversiones como aversiones, los pensamientos de violencia como violencia—. La intención de esta práctica es justamente la ausencia de pensamientos alrededor de deseos desordenados, aversiones o violencia.

Estos últimos, los pensamientos de violencia, resultan de los deseos intensos, las aversiones y las opiniones sesgadas. Cuando los deseos son exagerados o cuando enfrentamos competencia para su logro, la mente juguetea con alternativas de satisfacción, que fácilmente conducen a opciones agresivas: "Tengo que conseguir esto sin importar cómo". Del mismo modo, las aversiones en la mente pueden escalar fácilmente al odio, la ira u a otras obsesiones beligerantes: "Esta persona pagará por lo que hizo".

La intransigencia que la obnubilación engendra es un fertilizante efectivo de la violencia, tanto individual como social. Cuando tenemos opiniones sesgadas, no razonamos por nosotros mismos —no somos autónomos— sino que nuestros pensamientos están enmarcados por las opiniones sesgadas. Los prejuicios no solo llevan la mente al territorio de la polarización (por ejemplo, la ideología, la religión o las afiliaciones), también determinan la forma como vamos a pensar. Como ya fue mencionado, debido a la certeza de nuestras opiniones religiosas o políticas, queremos imponerlas a terceros y la justificación del razonamiento sesgado es bien sencilla: ¿qué tiene de malo difundir la verdad? Si nuestros oponentes también poseen su *propia verdad*, entonces bien pronto estaremos enfrentando una disputa, cuando no un conflicto abierto.

La mayoría de los pensamientos, afortunadamente, son inofensivos o neutrales y giran alrededor de las cosas que queremos (necesidades, apetitos, placer) o que no queremos (amenazas, miedos, dolor). Las especulaciones pueden ser alrededor de personas que comparten nuestras opiniones y que amamos, o de personas con las que estamos en desacuerdo y que odiamos. Los deseos de las necesidades corrientes y las preocupaciones sobre las amenazas genuinas son naturales. Cierto grado de empatía con quienes piensan como nosotros o de discrepancia con quienes no lo hacen, también es tolerable.

Por otro lado, los deseos desordenados y las aversiones, así como el fanatismo intransigente, son historias diferentes. Además de ser cada vez más obsesivo, este trío deplorable también incorpora la intención de tomar acción, esto es, de obtener lo que anhelamos, de evitar los objetos de la aversión y de entrar en conflictos por causa de las opiniones sesgadas. Los tres son definitivamente perjudiciales y aumentan el sufrimiento. ¿Cómo debemos manejarlos?

No es posible detener los pensamientos a fuerza de voluntad; no basta una orden para que una persona deje de pensar en alguien que odia. Dos enfoques alternativos complementarios tienen más sentido.

El primero es la esencia de la atención total: no intentemos escapar de los pensamientos dañinos, mejor enfoquemos la atención en ellos, uno por uno, sin juzgarlos; no eludamos ni rechacemos los pensamientos perturbadores, apenas confrontémoslos. Esta aproximación apacigua tanto la intensidad como la malignidad del pensamiento, que finalmente desaparece. Este enfoque, una especie de meditación de ojos abiertos, es útil cuando estamos realizando actividades de baja atención (como caminar, comer o esperar en una fila).

La segunda guía es la aplicación de las anclas que usamos durante la meditación, esto es, les sacamos el cuerpo a los pensamientos dañinos. Cada vez que aparece un pensamiento dañino, cambiamos la atención a cualquiera de las anclas de la meditación, bien sea la respiración (la más recomendada), una sensación particular o una parte cualquiera del cuerpo. Así como este enfoque es bastante confiable cuando estamos meditando, también puede resultar muy eficaz para desplazar los pensamientos indeseables y mantener así la atención en la tarea que deseamos realizar correctamente (como trabajar en algo, leer o jugar ajedrez). Las recomendaciones anteriores son pautas generales. Tenemos que recordar que la atención total es tanto la consciencia activa de lo que estamos haciendo —que expulsa los pensamientos no deseados— y la consciencia pasiva del cuerpo, las sensaciones y los estados mentales —que nos ayuda a detectar los pensamientos no deseados cuando surgen—.

¿Por qué es tan importante el recto pensamiento? Porque el pensamiento precede todos los estados mentales y por lo tanto influye en la forma como nos sentimos. Una vez más, el Buda proporciona una ayuda erudita para responder a la pregunta y de manera elocuente expande la frase anterior con metáforas[53]: "Nos convertimos en lo que pensamos. Si alguien habla y actúa con pensamiento impuro, el sufrimiento le acosa como las ruedas de la carreta prosiguen las huellas del buey que la arrastra. Si alguien habla o actúa con pensamiento recto, la ecuanimidad lo acompaña como la sombra que nunca se separa de quien la proyecta".

El Buda también ofrece otra perspectiva altruista[54]: "Abusaron de mí, me maltrataron, me derrotaron, me robaron… Tales pensamientos mantienen vivo el odio. Abusaron de mí, me maltrataron, me derrotaron, me robaron… La liberación de tales pensamientos elimina el odio para siempre. Porque el odio nunca puede poner fin al odio, solo la ausencia de odio puede aplacar el odio". Los pensamientos malignos y el sufrimiento van de la mano. Ellos son las segundas flechas ficticias de una primera flecha real que nos clavaron en el pasado.

Podemos y debemos aplicar consejos similares y en la misma dirección a los pensamientos de codicia, envidia, orgullo, ira o cualquier otro yerro que se origine en deseos desordenados,

---

53 *Khuddaka Nikaya: Dhammapada 1-2: The Path of the Teachings 1-2.*
54 *Khuddaka Nikaya: Dhammapada 3-5: The Path of the Teachings 3-5.*

aversiones u opiniones sesgadas. Tales desaciertos siempre conducirán a la ansiedad y el estrés.

Recto lenguaje

La atención total al lenguaje —la atención a la manera como hablamos y a las palabras que usamos— es una instrucción común en cada código de conducta y en cada manual de buenos modales. En consecuencia, la práctica del recto lenguaje es autoexplicativa. Sin embargo, algunos puntos deben resaltarse.

La atención total al recto lenguaje es más fácil que la atención total al pensamiento. Si bien es cierto que teóricamente podríamos pensar de manera deliberada, la mente genera la mayoría de sus pensamientos de manera involuntaria. Aunque a veces la conversación puede parecer desorganizada o confusa, hablar es una actividad que requiere un buen nivel de pensamiento ordenado. De hecho, cuanto más atentos estamos a los pensamientos, menos necesitaremos aplicar la atención cuidadosa del lenguaje. El hábito del recto pensamiento filtra muchas posibles equivocaciones en lo que hablamos.

El lenguaje hablado no es la única forma de comunicación que utilizamos. Las comunicaciones humanas son también corporales (posturas, movimientos o gestos) y tonales (volumen, inflexión o énfasis) y la atención puede y debe abordar estas otras expresiones del lenguaje. Aunque el lenguaje escrito carece de los componentes corporales y tonales, debemos también aplicar la atención total a lo que escribimos.

La intención de ejercitar la atención total en el lenguaje es la abstención de mentiras, de lenguaje malintencionado, de palabras soeces y de chismes. El cuidado y observación de todo lo que decimos (o escribimos) es muy útil en esta dirección. El Buda es explícito en su recomendación [55]: "Nunca pronuncies palabras groseras

---

55 *Khuddaka Nikaya: Dhammapada 133-134: The Path of the Teachings 133-134*

porque rebotarán contra ti". A continuación, el Sabio complementa: "Las palabras rudas rebotan y siempre hacen daño". Entonces sufriremos.

Recta acción y recta ocupación

La atención total a las acciones implica que estemos alerta, tanto como sea posible, a todo lo que el cuerpo esté haciendo. Aunque la frase anterior es bastante general, el Buda —reemplazando *tanto como sea posible* por *siempre*—, expande el tema con mucho detalle para resaltar ciertas rutinas que, a pesar de ser naturales o comunes, deben ser objetos de vigilancia. Según el Sabio [56]:

> La persona consciente está siempre completamente alerta de lo que está haciendo…
> … cuando está yendo a alguna parte o está regresando,
> … cuando está mirando hacia delante o en otra dirección,
> … cuando está doblando o estirando sus extremidades,
> … cuando lleva ropa liviana o ropa pesada,
> … cuando carga su tazón,
> … cuando come, bebe, mastica o saborea,
> … cuando orina o defeca,
> … cuando está caminando o quieto, parado o sentado, durmiéndose o despertándose, conversando o callado.
> De esta forma (en cada una de las situaciones enunciadas) la persona consciente percibe su cuerpo, una y otra vez, simplemente como un cuerpo.

De la misma forma como el hábito del recto lenguaje incluye la manera como nuestras palabras afectan a otras personas, el hábito de la recta acción también abarca el efecto de los actos sobre terceros. Específicamente, la intención de la recta acción es

---

56 *Majjhima Nikaya 10: Satipatthana Sutta. The Foundations of Mindfulness.*

la abstención de dañar a otras personas a través de la violencia, del robo o de una inapropiada conducta sexual. En consecuencia, no debemos utilizar la fuerza para herir a otros (abstención de violencia); no debemos apropiarnos de lo ajeno (abstención de robar); no debemos tener encuentros sexuales sin el consentimiento de la pareja ni con parejas que ya están involucradas en una relación (abstención de la conducta sexual inapropiada).

Todos los elementos que el Buda enumera en los párrafos anteriores, sin embargo, son movimientos o posturas del cuerpo que, en teoría, no afectan a otras personas, excepto por su relación con la cortesía y los buenos modales. ¿Cómo se relaciona esta lista con la intención de la recta acción?

Usamos el cuerpo para hacer cualquier cosa que tenga algún objetivo o resultado visible: lavar un vehículo, poner la ropa en el armario, escribir algo, pintar una pared, organizar objetos en una estantería o cualquier otra actividad. Para producir la meta o el resultado deseados, por supuesto que necesitamos realizar una serie de subtareas, de tareas de un nivel inferior, más breves o más sencillas. Cuando ejecutamos tales subtareas conscientemente —con atención total al cuerpo, como lo sugiere el Buda— pues también haremos correctamente la tarea superior.

También usamos el cuerpo cuando golpeamos a alguien, robamos algo o tenemos relaciones sexuales no consensuadas o adúlteras, y también en estas tres situaciones realizaríamos ciertas subtareas para lograr lo que de otra manera deberíamos evitar. Cuando somos conscientes tanto de las tareas inferiores como del objetivo macro de toda la acción, es probable que reconsideremos todo el conjunto y nos abstengamos de llevarlo a su finalización. No es posible estar consciente y hacerle daño a alguien al mismo tiempo.

La recta ocupación es la aplicación de la práctica de la recta acción —la abstención de la violencia, el robo y la mala conducta sexual— para obtener los medios de subsistencia. Nuestra ocupación no debe: 1) fomentar o tener relación con actos crueles o dañinos, 2) beneficiarse de robos, engaños o usura, o negociar con objetos robados, y 3) promover el comercio sexual. En otras palabras, el medio de vida debe excluir la codicia, el odio y la lujuria.

Atención y determinación

La secuencia desde la recta opinión hasta la recta ocupación, pasando por el recto pensamiento, el recto lenguaje y la recta acción, es una cadena estrechamente interconectada. La aplicación adecuada de cualquiera de las prácticas influye en la siguiente, y así todo el camino hasta su final. El resultado global es la reducción de la ansiedad y el estrés. Del mismo modo, si nos desviamos de cualquiera de los hábitos, el efecto negativo repercute en los siguientes enlaces y necesariamente aumentará el sufrimiento.

El efecto positivo y saludable es evidente. La atención total a las opiniones fortalece la atención a los pensamientos, lo que aumenta la atención al lenguaje y así sucesivamente… En consecuencia, la ansiedad y el estrés disminuirán. La reacción en la secuencia negativa es equivalente. La desatención a las opiniones conduce a la desatención a los pensamientos, a la falta de atención al lenguaje y así sucesivamente… En consecuencia, el sufrimiento aumentará.

Como se ha repetido, cuando estamos atentos a cualquiera de los hábitos estamos aplicando bien tal hábito. En todos los casos, no solo hacemos lo correcto, sino que también hacemos las cosas bien. Esto se traduce en: 1) opiniones imparciales, 2) pensamientos libres de deseos, aversiones y violencia, 3) lenguaje libre de mentiras, lenguaje malintencionado, palabras soeces y chismes, 4) acciones libres de violencia, robos y conductas sexuales impropias, y 5) trabajos ajenos a negocios tortuosos.

La atención total y la negligencia parcial, sean opiniones sesgadas, pensamientos errados, lenguaje incorrecto, acciones desacertadas u ocupaciones deshonestas, son incompatibles. No podemos hacer daño (ni a los demás ni a nosotros mismos) cuando estamos conscientes de todos los hábitos de la cadena. Un ladrón puede estar muy atento a sus movimientos sigilosos mientras se encuentra en el sitio que está asaltando, pero era completamente inconsciente de sus opiniones avarientas y de sus pensamientos egoístas cuando estaba planeando su fechoría.

Tenemos que recordar que lo saludable es lo que favorece la eliminación de la ansiedad y el estrés; y lo perjudicial es lo que produce sufrimiento. En este sentido, saludable, recto y bueno son sinónimos; de la misma forma, dañino, errado y malo son equivalentes. En el contexto de la filosofía budista, sin embargo, estas expresiones no están, de ninguna manera, asociadas con normas de moral social o religiosa cuyo seguimiento o violación suponen recompensas o castigos en futuros paraísos o infiernos.

¿Qué pasa si la atención total no es suficiente y seguimos actuando mal y desviándonos del camino hacia la cesación del sufrimiento? La respuesta a esta pregunta la ofrece la práctica de la determinación. La aplicación de la determinación tiene lugar en dos mitades complementarias: el ejercicio y el refuerzo de todo lo que nos ayuda en la eliminación de las segundas flechas, por un lado, y la renuncia o el debilitamiento de todo lo que desvía del objetivo central, por el otro.

Las cinco prácticas desde la recta opinión hasta la recta ocupación son hábitos pasivos, que se aplican frenando —evadiendo o debilitando— ciertas cosas, tales como opiniones sesgadas, pensamientos perjudiciales, lenguaje dañino, actos violentos u oficios incorrectos.

Si la atención total (a las opiniones, pensamientos, lenguaje, acciones, ocupaciones) no es suficiente para dejar de lado todas las opiniones, los pensamientos, las acciones y los trabajos perjudiciales, debemos abstenernos de estos firmemente y a punta de fuerza de voluntad. La prevención y el debilitamiento de cualquier actividad dañina es la aplicación de la segunda mitad de la práctica de la determinación en la lucha contra la ansiedad y el estrés. Esto es, la ejecución de acciones concretas preventivas que van más allá de la atención total permanente e implican actos de voluntad como, por ejemplo, comenzar a meditar regularmente, a pesar de la resistencia personal a tal ejercicio.

¿Podemos liberarnos del sufrimiento mediante la aplicación exclusiva del poder de la voluntad? ¿Podemos controlar los deseos desordenados, las aversiones y las opiniones sesgadas exclusivamente a través de la intención? Este autor se inclina hacia la respuesta negativa. La mayoría de las opiniones (puntos de vista, prejuicios, creencias religiosas, ideologías políticas...), los pensamientos, el lenguaje y las acciones están gobernados por un código neuronal en el cerebro que se encuentra debajo de la consciencia. El control directo sobre este código es tan limitado que las ciencias cognitivas modernas están cuestionando la realidad misma del libre albedrío en los seres humanos[57].

La determinación proporciona un cierto grado de control sobre los condicionamientos mentales dañinos. Esta ayuda, sin embargo, no llega a la raíz del problema y es más preventiva que correctiva.

Veamos algunos ejemplos de la forma como tales precauciones pueden ayudarnos. Si somos alcohólicos, debemos evitar las tabernas y las fiestas donde se consume alcohol; si somos lujuriosos, no debemos mirar películas con escenas activas o insinuantes de sexo; si somos glotones, debemos abstenernos de ir a los restaurantes que ofrecen bufet o "todo lo que pueda comer". En estos tres ejemplos, los controles se ejercen sobre eventos —rutas— que conducen a comportamientos incorrectos.

Es posible que existan algunas personas con tal poder de voluntad y con un elevado grado de control sobre todos sus movimientos mentales y físicos. No obstante, esta clase de personas no parece ser común.

---

57 **Libre albedrío**: El libre albedrío es la capacidad teórica de los seres humanos de tomar decisiones conscientes. Según investigaciones recientes, la existencia real de tal rasgo es incierta. Diferentes estudios concluyen que muchas acciones consideradas como conscientes, por ejemplo la elección del color en un juego de ruleta, suceden en algún lugar de la mente subconsciente antes de efectuar la apuesta de manera consciente. Usando encefalogramas, el neurofisiólogo Benjamin Liber hizo el trabajo pionero en esta área en la Universidad de California, San Francisco. Varios experimentos, más recientes y más precisos, con tecnologías de imágenes, han confirmado las conclusiones originales.

La aplicación de la determinación en los hábitos de la sabiduría y la virtud es en verdad un arma en la lucha contra la ansiedad y el estrés. No obstante, la meditación, como el hábito estrella para fortalecer la habilidad de permanecer atentos es el camino más seguro para reducir y, finalmente, eliminar el sufrimiento.

Capítulo 11
Muchos beneficios y algunos riesgos

Un ejercicio diferente

Desde hace tiempo sabemos que el ejercicio físico fortalece los tejidos musculares. Y también sabemos, aunque su reconocimiento es más reciente, que el ejercicio mental tiene un efecto similar en los tejidos cerebrales. Entrenamos los músculos tensionándolos y aflojándolos; entrenamos las neuronas activándolas y desactivándolas.

Ejercicio mental es cualquier actividad intelectual estimulante, sea la adquisición de conocimientos o el desarrollo de habilidades, que fortalezcan las conexiones neuronales existentes o que generen unas nuevas. El ejercicio continuo de las habilidades físicas y mentales mejora el desempeño de las neuronas existentes, reconstruye las dendritas (las *ramitas* de los árboles neuronales) que se hayan deteriorado, y favorece la aparición de nuevas neuronas. En cualquiera de los tres eventos —optimización de la capacidad neuronal existente, alargamiento de las dendritas, o incremento del número de neuronas— crece el ya gigantesco número de posibles conexiones y circuitos y, en consecuencia, aumenta el potencial para recordar más cosas y efectuar más tareas. En resumen, en un cerebro bien cultivado crece la capacidad mental total.

En este momento, muchos lectores, en especial aquellos que están más interesados en la meditación que en la ciencia, estarán preguntándose la razón por la cual se ha dedicado tanto espacio al sistema nervioso, en vez de llegar *directo al grano* del tema. El Buda, podrían pensar, ignoraba la existencia de las neuronas. La respuesta es simple: la meditación es en esencia un ejercicio neuronal, así su naturaleza sea muy diferente a otras rutinas de gimnasia mental.

Como se mencionó, las neuronas y los circuitos neuronales se comunican mediante señales electroquímicas que modifican la actividad de las neuronas y los circuitos que reciben tales señales. Esta acción se considera excitadora cuando aumenta la actividad del receptor, o inhibidora, si la disminuye. El entrenamiento de las neuronas y los circuitos excitadores que están *subutilizados* o inactivos, por cualquier razón, es el área de influencia primaria de los ejercicios físicos (como la gimnasia o la danza) y de los ejercicios mentales (como el ajedrez o los crucigramas).

La práctica de la meditación de atención total ejercita primariamente los circuitos inhibidores. Por el simple hecho de sentarnos, quietos, cómodos, con los ojos cerrados y en un lugar aislado y silencioso, trillones de conexiones excitadoras se detienen (se apagan) por orden de otros tantos trillones de señales inhibidoras (que se encienden) [58].

Esto tiene mucho sentido. Cuando queremos descansar o dormir seguimos pasos similares: quietud, silencio, confort, ojos cerrados… Podríamos, además, agregar trucos relajantes para favorecer la somnolencia, tales como contar ovejas imaginarias que saltan algún obstáculo o visualizar un paisaje agradable y tranquilizante. Aunque los beneficios de dormir son tanto corporales como mentales, el cerebro, el gran coordinador de todo, es el más favorecido por el sueño. Por supuesto, otras funciones (musculares, digestivas, circulatorias…) también sacan provecho de un buen sueño.

La diferencia entre dormir y meditar reside en la aplicación que hacen los meditadores de las anclas mentales, el cuarto elemento de las pautas de la meditación. Debido a esta diferencia, la meditación de atención total proporciona a sus practicantes algunos beneficios adicionales que el mero acto de dormir no brinda. Asímismo, las anclas, como los dispositivos mentales que son, distinguen la meditación de atención total no solo del sueño (donde la atención está desactivada), sino también de otras formas

---

58 **Uso del cerebro por los sentidos**: La visión utiliza aproximadamente el treinta por ciento de la corteza cerebral; el tacto, un ocho por ciento; la audición, el tres por ciento. Grady, Denis. "*The Vision Thing: Mainly in the Brain*": *Discover*, junio de 1993.

de meditación que usan anclas *artificiales* como mantras, imágenes o figuras.

Gracias a la funcionalidad selectiva del cerebro, no somos conscientes de la gran mayoría de las señales sensoriales que ocurren todo el tiempo en la vida rutinaria. Con la práctica continua, los meditadores pueden ejercer un buen grado de control indirecto sobre esta funcionalidad, favoreciendo la activación espontánea (el encendido) y la desactivación (el apagado) de muchos eventos sensoriales, particularmente de las sensaciones corporales. Por ejemplo, si en este instante dirige su atención al contacto de su espalda con la silla donde se encuentra o de sus pies con el suelo, notará sensaciones que segundos atrás estaba ignorando.

Durante la meditación solo dos opciones existen para la *vigilancia*: atención o desconcentración. O estamos enfocados en el ancla de turno (ojalá la mayor parte del tiempo) o estamos distraídos. En el primer caso estamos inhibiendo —atajando— todas las distracciones, es decir, hay millares de circuitos inhibidores encendidos y fortaleciéndose mediante el ejercicio. En el segundo, muchos circuitos inhibidores se han desactivado para permitir el *ingreso* de distracciones. En consecuencia, los circuitos inhibidores iteran todo el tiempo entre las posiciones de encendido y de apagado. Este centelleo continuo es lo que hace de la meditación de atención total un entrenamiento intensivo de los mecanismos inhibidores y, por así decirlo, un entrenamiento de la pasividad —de la inactividad, de la quietud y del silencio—, una rutina muy diferente a lo que comúnmente denominamos *ejercicio*. El apéndice 3 describe con mayor detalle la fisiología de la meditación de atención total.

Beneficios de la meditación

En su actividad vital, los organismos siempre buscan el equilibrio. Homeostasis es la cualidad biológica de autorregulación que restablece tal equilibrio cuando las circunstancias lo alteran. Gracias a la homeostasis, el cuerpo humano, independientemente de las condiciones exteriores y en situaciones normales, busca mantener una temperatura constante (37 °C).

El estrés es la reacción corporal y mental cuando las condiciones externas alteran el equilibrio y la homeostasis no lo restablece. Este fracaso ocurre cuando las funciones correctivas del cuerpo se comportan por debajo del estándar saludable[59] o la magnitud de la interrupción excede la capacidad homeostática de reparación. Este fracaso, que conduce a diversos trastornos y enfermedades, es nocivo para el cuerpo, la mente y las interacciones sociales.

Los medios de comunicación, tanto los especializados como los masivos, repiten constantemente el impacto negativo del estrés en la calidad de vida. Los efectos dañinos aparecen primero en el cuerpo e incluyen una amplia gama de molestias, tales como dolores, fatiga o variaciones de peso. El estrés prolongado conduce a disfunciones psicosomáticas crónicas que incluyen trastornos digestivos (como úlceras estomacales), problemas respiratorios (como el asma), enfermedades coronarias, erupciones cutáneas y migrañas.

El estrés no solo ataca al cuerpo sino que también golpea las actividades mentales y las interacciones sociales. En el territorio de los estados anímicos y sentimentales, los efectos del estrés se manifiestan con numerosas facetas como depresión, desasosiego o desesperación. Como si no fuera suficiente, más pronto que tarde, el estrés hace notar su impacto en el comportamiento, pudiendo llevar a consumo de drogas o alcohol, variaciones en el apetito o en los patrones de sueño, disminución del apetito sexual o retraimiento social.

Estas no son las únicas áreas afectadas. El estrés también perturba el sistema inmunológico, aumentado la susceptibilidad a enfermedades infecciosas (virales, bacterianas o parasitarias),

---

59 **Desequilibrio homeostático**: El desequilibrio homeostático es la incapacidad del organismo para ajustarse a las interrupciones normales. Aunque el desequilibrio homeostático puede originarse en diversos trastornos patológicos, el proceso de envejecimiento es el principal causante de tal desbalance.

como resultado de la disminución de las defensas mismas del organismo.

Existen numerosas estrategias para el manejo del estrés: el ejercicio físico, los enfoques cognitivos y los métodos de relajación, así como combinaciones de estos tres enfoques. En el escalafón de efectividad del gran número de terapias existentes para el manejo del estrés, la meditación, en general, y la meditación de atención total, en particular, se encuentran en los primeros lugares de la lista.

El beneficio inmediato de las técnicas de meditación, en general —de atención total, yoga, zazen, trascendental…— es la resolución o la reducción de los problemas creados por el estrés. La meditación alivia todos los daños causados por el estrés pero, obviamente, no hace a nadie eterno. El envejecimiento, el estilo de vida o los factores hereditarios traen con el tiempo enfermedades degenerativas dolorosas, como el cáncer o la artritis. La meditación también es útil en estas desgracias porque no solo nos hace menos propensos a ellas, sino que también, si tales dolencias finalmente nos golpean, nos ayuda a padecer menor sufrimiento.

La práctica de la meditación aumenta significativamente el umbral del dolor y la capacidad para hacer frente a la adversidad. Un efecto similar ocurre generalmente en las personas poseedoras de una profunda devoción religiosa. Cuando son atacados por tan horrendas enfermedades, comúnmente insoportables, los meditadores constantes son más tolerantes a los padecimientos. Para ellos, tales penurias realmente *duelen menos* y, por lo tanto, infligen menos daño emocional.

No es necesario dedicar más espacio al tema de los beneficios generales. Dado que los daños del estrés en todos los aspectos de la vida —los físicos, los psicológicos, los sociales— son tan devastadores, su control y tratamiento mediante las prácticas meditativas no requieren de publicidad.

En resumen, el estrés perjudica la salud corporal, socava la calidad general de vida y, más temprano que tarde, alguna forma de dolor físico aparece sin causa obvia.

Una proporción elevada de los dolores y malestares, tanto físicos como mentales, son pues como fiebres de 39 °C que normalmente se curan con la aspirina de la meditación. La excepción a esta aseveración la conforman aquellos males que son causados por situaciones o agentes externos imprevistos, como los accidentes, las enfermedades y los infortunios del azar, así como las heridas causadas por armas.

Una nota aclaratoria importante: a diferencia del vocablo *estrés* que se ha utilizado repetidamente en esta sección, la palabra *ansiedad* no ha sido mencionada. Esta omisión es intencional. Todos estamos familiarizados con el azote del estrés y somos muchos los que hemos sido torturados por tal mal. Los medios académicos han efectuado, por separado, abundantes investigaciones alrededor de la ansiedad y el estrés pero no sobre *la ansiedad y el estrés* [60], el dúo que este libro sugiere como equivalente al *sufrimiento budista*.

Beneficios de la meditación de atención total

En el manejo del estrés, la meditación de atención total provee el mismo grado y la misma clase de beneficios que ofrecen otras técnicas pasivas de meditación. Tales beneficios, por sí mismos, ofrecen incentivos suficientes para que los novatos y los inexpertos en el tema inicien su práctica. Sin embargo, hay mucho más por ganar con la meditación de atención total. Sus ventajas específicas y adicionales se encuentran en el fortalecimiento de los circuitos inhibidores y en el aumento de la capacidad de permanecer atentos durante las horas regulares.

La primera ventaja, el fortalecimiento de los circuitos inhibidores del sistema nervioso, es un corolario de la *gimnasia intensiva*

---

60 **Sufrimiento y estrés**: Thanissaro Bhikkhu (Geoffrey DeGraff), un monje y erudito budista estadounidense, considera la palabra *estrés* como la traducción más apropiada en inglés para *dukkha*, el término pali para *sufrimiento*. Thanissaro Bhikkhu es uno de los escritores budistas más profusos así como traductor extensivo del Canon Pali, y es también una autoridad muy respetada en el mundo académico del budismo.

a la cual son sometidos tales mecanismos durante las sesiones de meditación de atención total. La destreza inhibidora del sistema nervioso se deteriora como consecuencia de la desatención continua a su rol crítico. Por esa desatención —por ese descuido— seguimos comiendo cuando ya estamos saciados, y seguimos temerosos de amenazas imaginarias o de reveses pasados que bien están bajo control ahora o para los que ya no existen acciones correctivas. La meditación de atención total *regresa al orden* a los circuitos inhibidores *desjuiciados*[61].

El segundo beneficio, el aumento de la capacidad de permanecer atentos, es precisamente la habilidad que la meditación de atención total entrena y fortalece. La mente divaga demasiado y la meditación la obliga a focalizarse más y a mariposear menos. En promedio, según encuestas *en vivo y en tiempo real*, utilizando teléfonos inteligentes, el cuarenta por ciento del tiempo estamos distraídos y ausentes de la tarea en la cual deberíamos estar concentrados[62].

Cuando estamos meditando o haciendo cualquier otra tarea, los pensamientos perturbadores aparecen todo el tiempo sin pedir autorización y sin ser llamados, y atacan implacablemente con toda la munición que hay en el gigantesco depósito de recuerdos desagradables y condicionamientos mentales. Mientras meditamos, o estamos en lo que estamos —manteniendo a distancia a los intrusos— o estamos divagando, o sea que los atacantes *van ganando*. Cuando así sucede y lo notamos, acudimos a la

---

61 **La meditación como ejercicio de los mecanismos inhibidores**: El fortalecimiento de los circuitos inhibidores a través de la meditación de atención total es una hipótesis aún no comprobada. El neurocientífico Jason Shumake, PhD de la Universidad de Texas en Austin, revisó la hipótesis, desarrollada por este autor, tal como se describe en el apéndice 4. Según lo expresado en una comunicación personal, el doctor Shumake considera razonable la aseveración de que los circuitos inhibidores pueden, en verdad, ser fortalecidos. Escribe el neurocientífico: "Encaja dentro del principio de 'úselo o piérdalo' (lo que no se utiliza se atrofia), que aplica en diferentes niveles del organismo, desde las células hasta los músculos".

62 Zimmer, Carl. "*Stop Paying Attention: Zoning Out Is a Crucial Mental State*": *Discover*, junio de 2009.

respiración para que, a través de su observación, como ayuda artificiosa, regresemos a la focalización.

Hay que hacer esto, no en cinco o cien ocasiones, sino muchas, muchísimas, incontables veces. Aun si el meditador pone en tela de juicio el hecho real de que la meditación fortalece los circuitos inhibidores, como este libro lo explica, la práctica recurrente de cualquier actividad física o intelectual siempre nos hace mejores en su ejecución. La repetición incesante de las sesiones de meditación conduce al resultado correcto (o sea, mientras más ejercitemos la concentración, menos divagaremos). La repetición constante y correcta del ejercicio conducirá inevitablemente a su dominio y ejecución perfecta, con niveles mínimos de divagación. Y la destreza y la pericia avanzadas de la meditación de atención total conducirán a la vigilancia casi permanente de todo lo que hacemos durante las horas regulares y a una mente alerta la mayor parte del tiempo.

Beneficios de la atención total

La mayoría de los pensamientos que nos sacan del ahora —la persona que conocimos ayer, el libro que estamos leyendo, la cita que tenemos la próxima semana— son inofensivos y, en muchos casos, útiles —necesitamos recordar el nombre de esa persona, no queremos olvidar la trama del libro, no debemos faltar a esa cita—.

Un cierto grado de vagabundeo mental no solo es inofensivo sino que puede resultar valioso. Cuando estamos distraídos, afirman algunos expertos en creatividad, podemos resolver inadvertidamente algunos problemas que nos han quebrado la cabeza durante muchos días. En la literatura científica abundan las anécdotas de la forma extraña como numerosos investigadores llegaron a sus descubrimientos justamente cuando sus cabezas estaban bien lejos del enigma de turno. Los problemas reales de las distracciones comienzan cuando divagamos sin parar alrededor de las formaciones dañinas —los deseos intensos, las aversiones y las opiniones sesgadas—.

Las ideas inofensivas son eso, inofensivas, y la mente salta de un pensamiento al siguiente, en una secuencia aleatoria. Los deseos intensos y las aversiones, por otra parte, son persistentes y permanecen en la parte delantera del hilo de nuestros pensamientos. Esto ocurre así porque son distorsiones de los apetitos y los miedos, respectivamente, y a estos el cerebro quiere siempre manejarlos como *importantes*, pues ambos son componentes de la necesidad de supervivir. Para el cerebro, todo lo que interpreta, real o ficticiamente, como asunto de vida o muerte —apetitos urgentes de satisfacer, miedos que hay que atender— tiene prioridad.

Las opiniones sesgadas —nuestras creencias fanáticas sobre sistemas políticos, dogmas religiosos, afiliaciones a equipos deportivos— también ocupan un lugar destacado en el juego de las divagaciones. La mente mariposea con entusiasmo alrededor de todos nuestros ídolos o se remuerde con rabia alrededor de las consignas y los símbolos de lo que no queremos.

La inclinación humana a adherirse a colectividades sectarias o a agrupaciones doctrinarias inflexibles es una distorsión del sentido de pertenencia, la necesidad natural y normal de formar parte de comunidades u organizaciones[63]. Todo grupo, independientemente de la forma como aparece, gira alrededor de reglas comunitarias, que terminan regulando el modo de operación y convirtiéndose en las *creencias* —en las opiniones sesgadas incuestionables a las cuales todos tienen que unirse—. Al igual que los apetitos y los miedos, el sentido o necesidad de pertenencia puede también considerarse como un rasgo de supervivencia[64].

---

63 **Sentido de pertenencia**: El sentido de pertenencia se denomina también sentido de comunidad, sentido de afiliación o necesidad de participación.

64 **Sociabilidad como ventaja de supervivencia**: En edades remotas, los individuos solitarios y retraídos tenían menos oportunidades de obtener alimento a través de la caza colectiva y de encontrarse con posibles parejas sexuales. Los individuos sociables, por el contrario, tenían mejores oportunidades de sobrevivir y de dejar descendencia. La mayoría de las personas modernas podrían tener, por selección natural, predisposición hacia la pertenencia a grupos y cierto grado de aversión a la soledad.

Dado que los miembros solitarios de cualquier especie —ahora y hace un millón de años— inevitablemente engendran menos hijos, nuestros antepasados tuvieron que ser aquellos que preferían formar parte de grupos y buscaban alguna vida comunitaria. En una misma especie, la selección natural favorece, sin duda alguna, a los individuos sociales; los solitarios —los asociales— dejan menos (o ninguna) descendencia y tienden a morir en soledad.

Independientemente de cómo los hayamos desarrollado, los deseos intensos, las aversiones y las opiniones sesgadas hacen daño y son las raíces del sufrimiento. Como formaciones condicionadas que son, la atención total las mantiene a raya y, de paso, nos libera de la ansiedad y el estrés. Este es el beneficio principal —la belleza, el premio, la razón de ser— de la atención total. No puede haber énfasis exagerado en esta declaración. En consecuencia, la repetición de las palabras del Buda que se citaron anteriormente resulta apropiada[65]: "La atención total es el único camino para superar la ansiedad y el estrés, para el cese del sufrimiento, para el logro de la armonía interior".

¿Cómo nos ayuda la atención total a manejar los deseos desordenados, las aversiones y las opiniones sesgadas? En otras palabras, ¿cómo nos libera la atención total del sufrimiento? Aunque la pregunta es inequívoca y directa, la respuesta requiere aclaraciones. El cerebro registra los eventos que finalmente se convierten en condicionamientos mentales, y graba el código correspondiente en el programa neuronal del yo. Como se trata de un extraordinario programa dinámico, su tamaño y complejidad cambian a medida que los condicionamientos aparecen, se refuerzan o se debilitan.

Independientemente del número de instrucciones codificadas en el cerebro a través del tiempo, el programa neuronal de cada instante —el autócrata de cada minuto— nos maneja. El *software* neuronal del yo controla la totalidad del comportamiento —las

---

65 *Majjhima Nikaya 10: Satipatthana Sutta: The Foundations of Mindfulness.*

opiniones que tenemos, los pensamientos que surgen, las palabras que pronunciamos, las acciones que tomamos y las ocupaciones con las que nos ganamos la vida—. Esta es la cadena de los cinco hábitos, interconectada de principio a fin. Los cinco eslabones quizá no siempre intervienen en todos los actos o, al menos no lo notamos, pero su interdependencia es crucial e inevitable.

Permaneciendo vigilantes de la cadena completa, con atención total, asumimos un *espontáneo* poder sobre cada uno de sus enlaces: 1) las opiniones sesgadas como marco de los pensamientos erráticos, 2) los pensamientos alrededor de lo que vamos a hablar, 3) las palabras que podrían anticipar lo que vamos a hacer, 4) las acciones, muchas de las cuales son parte del trabajo, y 5) la ocupación que nos genera los medios de vida. Además, la atención total nos lleva a permanecer conscientes del cuerpo, de las sensaciones y de los estados mentales.

Esta consciencia, esta vigilancia, simultáneamente fragmentada en la atención a cada eslabón y consolidada en la atención a la totalidad de la cadena, modera las reacciones automáticas e incontroladas de los condicionamientos mentales y finalmente apacigua tales reacciones. Poco a poco, el ser esencial, el tema del capítulo siguiente, se hace cargo de todas las actividades de la vida. Sin la contaminación de los condicionamientos mentales dañinos y con el ser esencial al mando, el comportamiento resultante no solo es espontáneo sino descontaminado.

El poder que la atención total genera —más que una capacidad eficaz y disciplinada para iniciar acciones— se traduce en la libertad de actuar sin la manipulación de los condicionamientos mentales, como si sus registros —sus instrucciones dañinas— no existieran en el cerebro. Por ejemplo, si nos encontramos con alguien a quien aborrecemos, en algún lugar de la corteza frontal se activa una formación mental de *odio-a-esa-persona*. Si estamos *descuidados*, todo lo ingrato y desagradable de esa persona sale a flote y el organismo reacciona *odiosamente* aun sin darnos cuenta.

Si en ese mismo momento la atención total nos lleva a observar tanto al *antipático ese* (que está allá afuera) como al odio (que está acá adentro), podremos darnos cuenta del condicionamiento mental y quizá mirar a esa persona con los mismos ojos que la veíamos antes de que nos hubiera ofendido. Cuando esto sucede, el odio hacia tal individuo se ablanda y finalmente desaparece. Y en ese instante nos habremos liberado de algo que nos hacía daño.

Cuando observamos atentamente un deseo intenso, una aversión o una opinión sesgada, que se encuentran listos para impulsarnos hacia algún comportamiento nocivo, la atención total se anticipa para evitar que el deseo, la aversión o la opinión tomen decisiones por nosotros. Entonces ponemos los condicionamientos mentales en la sala de espera y actuamos libremente, como si tales condicionamientos no existieran. Aun cuando puede suceder que hagamos algo en la dirección hacia la cual el condicionamiento mental nos impulsaba, si actuamos atenta y cautelosamente, las acciones tomadas serán conscientes en vez de descontroladas. Por ejemplo, cuando nos encontramos de manera inesperada con esa persona que nos desagrada, podemos prudentemente saludarla, de manera neutra e imparcial. En oposición, el condicionamiento mental asociado, programado para la animosidad, podría habernos llevado a una agresión verbal.

Una comparación debe ayudar en la comprensión de la forma como funciona la atención total. El proceso de la atención total (hacia el interior) es similar al cuidado (hacia el exterior) que los familiares dan al pariente que en una reunión social se ha pasado de tragos y ha perdido el control de sus actos. Ellos quieren llevar a su familiar a tomar consciencia de que ha bebido demasiado.

Cuando este individuo, a pesar de la intoxicación, admite su condición, ocurre una pausa de cordura que cambia por completo el escenario. La persona embriagada suspende las bebidas alcohólicas, quizá pide un vaso de agua, reconoce su incapacidad para conducir su vehículo, expresa consideración y disculpas a quienes haya irrespetado o decide dormir por un rato... De manera similar al alcohol, los condicionamientos mentales desajustan los mecanismos inhibidores de control y alteran la conducta normal de una persona. La vigilancia de los familiares en el ejemplo debe ser ejercida por la atención total del individuo en el curso rutinario de su propia vida.

La atención a los condicionamientos mentales, siempre listos para manejar nuestra conducta, es la atención misma al sufrimiento que ellos están generando. Cuanto más intensas sean las percepciones (de las señales sensoriales involucradas) y los sentimientos (de las emociones implicadas) detrás de los deseos intensos, las aversiones o las opiniones sesgadas, más evidente será la ansiedad y el estrés, entendido como el dúo.

Un par de ejemplos de cada uno de los tres condicionamientos mentales dañinos debe ayudar a su comprensión. La codicia y la lujuria son expresiones de deseos desordenados; el odio y la ira, de aversiones; el racismo y el fanatismo, de opiniones sesgadas. De diferentes maneras, todos ellos se manifiestan a través del cuerpo —ya sea en el estómago, los músculos, el corazón, la boca o en cualquier otra parte donde puedan aparecer— y se convierten en combinaciones de sentimientos y percepciones cuando el cerebro registra lo que está sucediendo.

Cuando observamos cuidadosamente las percepciones y los sentimientos que producen los condicionamientos mentales, podríamos optar por ignorar la fuente (lo que sea que esté produciendo la codicia, la lujuria, el odio...), mantener la atención en los resultados (las percepciones y los sentimientos) y continuar el camino. Por ejemplo, si alguien nos agrede verbalmente, cuando oímos el grito del insulto, también percibimos el aumento de la tensión muscular y el apretón de los puños. Gracias a la atención total, las señales corporales canalizan la atención hacia adentro y simplemente ignoramos al provocador.

Alternativamente, podemos cerrar la atención y dejar de lado tanto las percepciones y los sentimientos, como los condicionamientos mentales. Si hacemos esto de manera consistente, los condicionamientos hacen su trabajo dañino y se mezclan con el comportamiento cotidiano, convirtiéndonos en individuos siempre codiciosos, lujuriosos, rencorosos, enojados, racistas o extremistas radicales. "Así es como soy", podríamos llegar a ufa-narnos. En los peores casos, hasta expresaríamos satisfacción por tales anomalías y alardearíamos de su existencia. Esto no es otra cosa que el sufrimiento carcomiéndonos, independientemente de cuánto lo ignoremos o lo neguemos.

¿Borra la atención total el código neuronal de los condicionamientos perjudiciales? No parece ser así. Probablemente los registros permanecen latentes en alguna parte de la corteza frontal, con la posibilidad de reaparición si se reincidiera en la rutina involucrada. La norma de los Alcohólicos Anónimos para sus miembros comprometidos en la eliminación de la bebida es el reconocimiento permanente de su adicción; ellos saben muy bien que un solo trago puede disparar de nuevo su dependencia.

La atención total y la meditación de atención total están íntimamente conectadas y se apoyan mutuamente en un círculo virtuoso: si meditamos, podemos permanecer conscientes por más tiempo, lo que facilita la meditación, etcétera.

La siguiente secuencia resume el proceso desde la meditación (el punto de partida) hasta la armonía interior (el ideal hacia el cual debemos abrirnos): 1) la meditación de atención total fortalece los circuitos neuronales inhibidores, 2) lo cual aumenta la capacidad de permanecer atentos, 3) que mantiene a raya a los deseos intensos, las aversiones y las opiniones sesgadas, 4) que apaga —adormece— el código neuronal de los condicionamientos mentales dañinos, 5) que elimina o reduce el sufrimiento, y 6) que abre la puerta a la armonía interior.

Los beneficios de la atención total y de la meditación de atención total se recapitulan en una progresión ascendente. La siguiente secuencia presenta los beneficios que podrían manifestarse en las vidas de las personas que recorren el camino hacia el final del sufrimiento. Los hábitos de la atención total y la meditación…

… reducen la ansiedad y el estrés.

… resuelven trastornos asociados, ya sean físicos, emocionales o sociales.

… fortalecen el sistema inmunológico.

… suben el umbral del dolor.

… fortalecen los circuitos neuronales inhibidores.

… apoyan en el manejo y el control de los deseos intensos, las aversiones y las opiniones sesgadas.

… eliminan o reducen el sufrimiento.

¿Son naturales la atención total y la meditación?

Los seres humanos poseemos una amplia variedad de características y facultades. Algunas, como el consumo de alimentos o el apareamiento, son comunes con otras especies. Otras, como el razonamiento y el lenguaje, son exclusivas del *Homo sapiens* e inherentes a su diseño biológico.

¿Es natural la atención total? ¿Nacemos con esta característica y la malogramos, o es algo que tenemos que sembrar para que nazca y cultivar para que crezca? Aunque no hay respuestas definitivas, la mayoría de las personas consideran que el sostenimiento continuo de la atención en algo es una tarea demasiado difícil. Por esta generalización, podría pensarse que la atención total no es una cualidad innata o su nivel, en general, es bajo aunque variable.

Desde otra perspectiva, sin embargo, es fácil especular que el esfuerzo involucrado en la atención total es muy similar a la atención aguda que la vida salvaje primitiva debió haber impuesto a nuestros antepasados remotos (en el mundo actual, muchos animales, salvajes y domésticos, dan la impresión de estar atentos todo el tiempo; algunos chimpancés, cuando se les observa o se les habla, parecen prestar atención a propósito). Milenios antes de convertirse en carnívoros, los antepasados primitivos eran vegetarianos y resultaban presa fácil para los animales más agresivos. Solamente aquellos individuos que estaban siempre superatentos a la aparición de depredadores y a las señales sensoriales de su presencia —los ruidos, las figuras, los olores— así como a los movimientos cuidadosos de su cuerpo, fueron capaces de anticiparse a sus victimarios, de moverse cautelosamente y de sobrevivir lo suficiente como para dejar descendientes.

Es pues una hipótesis plausible que la selección natural podría haber llevado al hombre moderno hacia una predisposición muy favorable a la atención total. De ser así, el cerebro podría tener una inclinación natural hacia el sostenimiento de la atención, cualidad esta que, no solo no desarrollamos en la vida corriente, sino que comúnmente permitimos que se atrofie.

¿Y qué puede decirse de la inmovilidad física, también tediosa, que exige la meditación? Es claro que durante los milenios que precedieron al descubrimiento del fuego y al desarrollo del lenguaje, los antepasados prehistóricos, con un cerebro elemental que poco razonaba, tenían que acostumbrarse a permanecer quietos y silenciosos en la oscuridad. Tanto su cuerpo como su mente elemental adoptaban este estado, así no estuvieran durmiendo, durante miles y miles de largas noches. Tampoco puede pues juzgarse como antinatural el permanecer despiertos e inmóviles durante muy largos periodos.

Quizá es temerario sugerir que la atención total y la meditación son características intrínsecas de la naturaleza humana. Pero, en el otro extremo, sería insensato sostener que estos dos hábitos nos son genéticamente ajenos. Es razonable afirmar, como un nivel aceptable, que algo en el cerebro está ahí para facilitar la meditación y la atención total y para beneficiarse de ambos hábitos.

Por otra parte, la gimnasia aeróbica o los ejercicios deportivos son ambos de evoluciones culturales. Los antepasados lejanos corrían mucho e interiorizaban poco; recorrían a pie distancias mayores y carecían de cómodos sillones para descansar; luchaban por su sustento en espacios abiertos y carecían de sitios estables para sus labores.

Muy lentamente, a lo largo de los últimos doce milenios, y a un ritmo desenfrenado en las décadas recientes, la humanidad progresó de manera extraordinaria y las máquinas se hicieron cargo de la mayoría de los trabajos arduos. A partir de entonces, los humanos modernos aquietaron su cuerpo para permanecer sentados casi todo el tiempo, y aceleraron su mente, para que no cesara de especular y comparar, de hacer cuentas y tomar decisiones, de entretenerse y crear, de planear y preocuparse.

Para reaccionar a la inmovilidad exagerada, el *Homo sapiens* se inventó todo tipo de calistenias. Para apaciguar la agitación de la mente y contrarrestar la presión de la urgencia de los acontecimientos, ya en el tercer milenio, el mismo *Homo sapiens* resolvió recapturar la antigua tradición de la meditación de atención total, con resultados muy promisorios para su bienestar.

Riesgos de la meditación de atención total

Los riesgos de la meditación no son inusitados ni exclusivos de la práctica misma. Aunque los motivos de preocupación son menores, las precauciones por tener en cuenta son similares a las del manejo de casi cualquier estado alterado de consciencia[66]. Los estados inducidos por las drogas (los más peligrosos), las euforias de los ejercicios atléticos extenuantes, los sueños (el estado alterado más común e inofensivo porque pronto olvidamos lo soñado), las experiencias místicas y, por supuesto, los estados meditativos profundos, son ejemplos de los frenesíes de la consciencia.

Cuando la gente atraviesa por estados alterados puede tornarse vulnerable. La conmoción neuronal del fenómeno da como resultado una especie de anarquía mental durante la cual las creencias sobrenaturales de los participantes —las opiniones sesgadas en los campos metafísicos— pueden afectar drásticamente sus

---

66 **Ritmos de la actividad cerebral**: La frecuencia de la actividad del cerebro humano, medida en ciclos por segundo, se determina mediante tecnologías electroencefalográficas (EEG). Durante las condiciones normales de vigilia, esa onda o frecuencia (beta es el término médico que la describe) oscila entre 12 y 30 ciclos por segundo. Existen, además, ondas alfa (8-12 ciclos por segundo), ondas theta (4-7), delta (0.1-4) y ondas gamma (30-100). La frecuencia alfa caracteriza los estados de relajación como meditación; la frecuencia theta se manifiesta en estados de somnolencia, sueño ligero y estados profundos de meditación; la frecuencia delta ocurre durante el sueño profundo. No hay acuerdo científico sobre las condiciones asociadas con la frecuencia gamma. Cualquier estado que se desvíe significativamente del ritmo beta es un estado alterado de la consciencia.

sentidos y, consecuentemente, su interpretación de la realidad. Si algún agente —maestro, gurú, tutor, terapeuta, sanador o charlatán— facilita, induce o interpreta la experiencia, el sujeto puede ceder el control de su voluntad y el agente toma posesión de ella.

Durante los estados alterados de consciencia, como los que ocurren durante los sueños, los sujetos que los están viviendo pueden ver, oír, tocar u oler objetos inexistentes o experimentar eventos que no están sucediendo. No debería haber complicación o enigma alguno con estas experiencias, excepto cuando los afectados toman tales ficciones como si fueran reales.

Los trances, los éxtasis y las enajenaciones, tres vocablos con significados etéreos y casi sinónimos, son ejemplos de estos estados abstractos e incomprensibles. Según los testimonios de personas que han pasado por tales circunstancias, los sujetos también pueden complacerse con algunas percepciones agradables que describen en términos abstractos como intemporalidad, unidad cósmica, extinción de la identidad, realidad diferente o desaparición de los límites del cuerpo. Aunque no es posible calificarlos o cuantificarlos por intensidad, duración o frecuencia, estos episodios podrían excepcionalmente ocurrir durante la meditación profunda. Algunos individuos parecen tener mayor predisposición o sensibilidad a estas experiencias, en comparación con las personas comunes que nunca las hemos vivido. Sin embargo, no hay investigaciones, que este autor conozca, que apoyen tal afirmación; por su naturaleza misma, los estados alterados de consciencia son imposibles de duplicar para efectuar estudios rigurosos.

La influencia de las creencias de los meditadores y la intervención de agentes deshonestos son dos factores que, cuando coinciden, distorsionan la imparcialidad y la ausencia de expectativas que deben estar presentes durante la meditación. Los párrafos siguientes describen la forma como la meditación de atención total, cuando se practica de acuerdo con sus guías, maneja tales riesgos.

Durante los estados alterados de cualquier tipo, inducidos por terceros o buscados por los participantes, las opiniones sesgadas de los sujetos (sus creencias y sus dogmas de fe) tienen un efecto determinante sobre las percepciones ilusorias que ellos elaboran o se imaginan. Cualquiera de los seres metafísicos de su doctrina o culto —dioses, ángeles, santos y, por supuesto, demonios, en los rituales satánicos— podrían hacerse visibles y audibles en una realidad fabricada. Todo lo que sucede durante la experiencia se transforma, inevitablemente, en verdad revelada; esto es, en una manifestación incuestionable de una entidad perteneciente a una dimensión superior.

La fe ciega, el fervor religioso intenso y los trances místicos se convierten en un círculo que se autorrefuerza: los trances místicos robustecen la fe, lo cual aumenta la abnegación religiosa, que a su vez conduce a experiencias místicas más intensas… El misticismo es común a todas las religiones y los místicos de todos los credos atraviesan por experiencias paranormales que están más allá del análisis científico y de la lógica corriente. Todos los místicos interpretan los fenómenos de sus éxtasis como intervenciones directas de sus correspondientes deidades.

J. Krishnamurti, pensador de la India del siglo XX y filósofo sin afiliación a doctrina alguna, es un crítico de excepción a las explicaciones metafísicas, habitualmente acomodadas, que se tejen alrededor de las experiencias místicas. Basándose en la observación aguda e independiente de sus múltiples encuentros con estados alterados, durante los cuales pudo ver y conversar con apariciones de maestros espirituales, el filósofo concluye que el intelecto humano proyecta su contenido en la experiencia sensorial. En términos más mundanos, tendemos a ver lo que creemos. Cuando esto sucede, algunas personas, en la anarquía de los estados alterados, pueden terminar viendo y escuchando lo que inconscientemente quieren ver y oír.

Durante una charla pública, mientras respondía a una pregunta acerca de los maestros de la Sociedad Teosófica[67], Krishnamurti

67 **La Sociedad Teosófica**: La teosofía es un estudio especulativo de la naturaleza de la divinidad. La Sociedad Teosófica es una organización internacional que tiene como

dijo[68]: "Cuando yo era niño, solía ver a Sri Krishna, con la flauta, tal como lo representan los hindúes, porque mi madre era devota de Sri Krishna[69]... Cuando crecí y conocí a la Sociedad Teosófica, comencé a ver a sus maestros espirituales en la forma en que fueron puestos delante de mí y me parecieron entonces el fin último. Más tarde, comencé a ver al Señor Maitreya[70]... Y ahora, recientemente, ha sido el mismo Buda a quien he estado presenciando, y ha sido mi deleite y mi gloria estar con él".

Cuando el filósofo indio dejó de lado todas las doctrinas religiosas en las que se vio involucrado, dejó de experimentar sus trances místicos, o evolucionó hacia algo de una naturaleza diferente y neutral. Después de esta transformación, Krishnamurti nunca volvió a mencionar sus encuentros místicos.

La meditación profunda, como ya se ha dicho, es también un estado alterado de consciencia, durante el cual algunos practicantes pueden llegar a experiencias extáticas. La razón principal para citar las palabras de Krishnamurti, un pensador brillante que estuvo involucrado con diversos sistemas de creencias, es enfatizar la importancia de la neutralidad cuando meditamos. Si al comienzo de una sesión de meditación mantenemos un punto de vista sesgado, por ejemplo, una profunda y bien intencionada fe religiosa o unos prejuicios sectarios de cualquier índole, y nos negamos a reconocer tales opiniones como condicionamientos mentales, discrecionales e innecesarios, las creencias subjetivas podrían apoderarse de la mente y distorsionar la experiencia. La obnubilación, que quizá esperábamos remover a través de la meditación, bien podría tornarse más oscura y más confusa que cuando comenzamos la práctica. En resumen, nos volveremos aún más propensos

---

objetivo el desarrollo de la sabiduría humana y la comprensión de los misterios del universo. La existencia de maestros espirituales, con los cuales los humanos avanzados pueden ponerse en contacto, es un postulado fundamental de la teosofía.

68 Lutyens, Mary. *Krishnamurti: The Years of Awakening*. Nueva York: Avon Books, 1975.

69 **Sri Krishna**: Una deidad venerada en la India, comparable con Jesús de Nazaret en el cristianismo.

70 **Señor Maitreya**: Una reencarnación futura de Buda, según varias viejas tradiciones.

al sufrimiento, que es justamente el mal del cual nos gustaría deshacernos.

Cuando, además de la mente sesgada, entran en escena agentes deshonestos, las cosas empeoran aún más. Tales individuos se posesionan de la voluntad de sus *súbditos* y pueden manipularlos de maneras perversas —financieramente, conductualmente, sexualmente—. Además, tales agentes torcidos harán todo lo posible para esclavizar y explotar a sus seguidores y para bloquearles cualquier posibilidad de encontrar una salida a su sometimiento.

Cuando intermediarios deshonestos aparecen como *portadores de alguna verdad*, la adhesión de los practicantes a las sencillas directrices de meditación de atención total inexorablemente cierra la puerta a los deplorables escenarios provenientes de las opiniones sesgadas y las creencias sobrenaturales. La meditación de atención total, cuando nos acercamos a ella imparcial y desinteresadamente, carece de cualquier riesgo.

En la meditación de atención total no hay —no puede haber— figuras autoritarias detrás de la práctica; maestros, guías espirituales, *swamis* y gurús sobran todos por igual. Un instructor, sin afiliación a secta alguna, que guíe a los estudiantes en los sencillos pasos que debe seguir es tan útil como suficiente. Aunque unas instrucciones concisas, grabadas de antemano o leídas, con una voz clara y amable, resultan suficientes para muchos aprendices. Ahora, el apoyo de un instructor honesto y confiable puede resultar útil, especialmente durante las primeras sesiones, hasta cuando el nuevo estudiante sienta que ya puede *volar solo*. Este punto será ampliado más adelante.

Las recomendaciones de este libro sobre la focalización de la atención en el cuerpo o en las sensaciones durante la meditación son parte integral de la neutralidad de la práctica. No hay campo para sesgos, dudas o equívocos en tales instrucciones. Las imágenes, los símbolos, los cantos o los mantras como anclas de meditación, por otro lado, son incompatibles con las breves directrices de la meditación de atención total. Con su aplicación como anclas, los meditadores corren el riesgo de: 1) apegarse a tales dispositivos artificiales, 2) convertirse en devotos del maestro que los promueve, y 3) elaborar realidades ficticias alrededor de las proyecciones de anclas artificiales.

También es necesario enfatizar el carácter neutral, no doctrinario y no religioso, de la meditación de atención total. Cuando estamos atentos, durante la meditación o en la vida corriente, no debemos evaluar o tratar de explicar los acontecimientos que ocurren en todo el cuerpo, incluido el cerebro. Los practicantes deben simplemente observar las experiencias tal como vienen y van, dejando siempre de lado cualquier intención de interpretar lo que está sucediendo.

El propósito central de la meditación de atención total es mejorar la facultad de concentración. El propósito central de la atención total es la reducción y eventual eliminación definitiva de la ansiedad y el estrés. A la meditación de atención total no debe asignarse, en ninguna circunstancia, ningún contexto religioso ni ningún contenido devocional. No hay creencias de ninguna índole detrás de su aplicación y, menos aún, pleitesías a entidades inmateriales o fe en eventos metafísicos. No hay rituales por seguir para ningún propósito o reverencias por pagar a ningún ser. Esta neutralidad separa la meditación de atención total de la oración, en general, y la oración mental de Santa Teresa, en particular [71].

El hecho de que debemos desconectar creencias y rituales de la meditación de atención total no significa que debemos abandonar nuestra religión, negar su doctrina, dejar de ir a iglesias o templos, o prohibir la asistencia a ceremonias religiosas. Los meditadores

---

71 **Las experiencias místicas de Santa Teresa**: Según sus escritos, durante sus años de formación, Santa Teresa escucha la voz de Jesucristo y conversa con él. En otras ocasiones, ella siente, además, que su cuerpo está levitando. Tales fenómenos psíquicos tienen explicaciones neurológicas. Cuando ocurre una autosugestión profunda, el sistema nervioso periférico de la persona envía a su cerebro señales claras de que los eventos "extraordinarios" están, en verdad, ocurriendo, tornándose efectivamente inequívocos en casos como el de Santa Teresa. En tales situaciones, las experiencias percibidas tienden a confirmar las creencias; las creencias, a su vez, refuerzan la fe y la intensidad de la autosugestión; y la fe, más fortalecida, facilita la repetición de experiencias similares.

deben poner la atención total y la meditación de atención total en un lado, y sus dogmas y sus cultos, en otro. Estas son avenidas diferentes, con diferentes destinos.

Después de practicar la meditación de atención total durante un tiempo —la longitud de este tiempo cambia mucho de persona a persona—, los practicantes empezarán a mirar sus sistemas de creencias desde una perspectiva diferente. La evolución de cada individuo es personal. La meditación de atención total no pretende ni cambiar las creencias del practicante ni sembrar dogmas nuevos en su mente. Ciertamente, sin embargo, la perspectiva hacia la cual evolucionan los practicantes después de meditar juiciosamente durante algún tiempo, de manera continua y persistente, es una de imparcialidad y tolerancia.

Capítulo 12
El ser esencial

El tamaño del yo

Como introducción a este capítulo y para facilitar su comprensión, es apropiado repasar las nociones de yo y de ego redundante presentadas inicialmente en el capítulo 2. Las reglas (el *software*) y los datos (la información) que rigen el comportamiento del yo de cada individuo están codificados en su cerebro. La *base de datos* contiene todo, absolutamente todo lo que sabemos o estamos en capacidad de hacer, y todos los nombres, caras y datos de cuanta persona hayamos conocido (y hasta olvidado) o de aquellos con quienes de alguna forma hemos tenido contacto. El *software*, a su vez, contiene todas las instrucciones para hacer algo con los datos y para controlar los resultados de lo que hagamos con ellos. Cuando necesitamos sumar catorce y nueve (los datos), son las reglas de la adición que alguna vez aprendimos (el *software*) las que nos permiten hacer la operación en la cabeza y arrojar el resultado (veintitrés o algo distinto si somos flojos en aritmética). Cuando vemos a alguien (los datos), que bien sabemos es una persona amable (el *software* localiza su cara en la *base de datos*), nos alegramos (el comportamiento).

El ego redundante es la porción del yo que crece a partir de los deseos intensos, las aversiones y las opiniones sesgadas, esto es, de los condicionamientos mentales perjudiciales: el antojo por esa comida que no debemos probar, el rencor hacia ese individuo que nos falló, el apoyo incondicional a nuestra creencia política o religiosa. Es redundante porque, en verdad, no necesitamos comer más, no necesitamos odiar a ese individuo, ni precisamos volvernos fanáticos de ninguna creencia.

Todos sabemos que tenemos un sentido de identidad porque lo sentimos —sé que existo porque pienso, y porque siento un cuerpo que considero mío—. Es mucho más difícil de aceptar, sin embargo, que la porción del yo que resulta de los condicionamientos mentales dañinos es superflua y opcional. Este autor denomina *ego redundante* a la porción sobrante del yo. Aun en una misma persona, esta porción sobrante es algunas veces pequeña y otras veces descomunal. Por el ego redundante, el yo *total* tiene una especie de tamaño variable.

¿Por qué razón se hace referencia a *una especie de* tamaño variable? Decir que el yo tiene una cierta magnitud no significa que pueda medirse. No es posible cuantificar el tamaño del yo —sea el mío o el de alguien más— porque su *magnitud* es, además de variable, difusa e intangible. El yo es una combinación de datos y *software* en el cerebro, y carece de bordes, marcos de referencia, masa o volumen que alguien o algo puedan medir o ponderar.

El yo *ajeno* es, además, invisible y solo podemos sentir sus manifestaciones a través de las acciones que programa y que ejecuta el cuerpo donde reside. En otras palabras, no existe acceso a los datos o al código neuronal que conforman el yo de nadie (ya que no es posible tocar o ver directamente las instrucciones utilizadas en el *computador* neuronal) pero sí discernimos —vemos, escuchamos, sentimos— acciones físicas, comportamientos emocionales y actitudes mentales (de la misma forma como podemos ver y analizar los resultados de los programas del computador que utilizamos). La expresión más clara del *software* de *mi yo* es la diferenciación específica que dicho *software* hace entre quién soy (en contraposición a los otros) y lo que define como mío (en contraposición a lo que pertenece a alguien más).

Dimensionar el yo es tan imposible como medir cualquier otro fenómeno mental, sea soñar, sentir, amar, pensar... Es posible hablar de un sueño *vívido* o de un sentimiento *intenso*, pero solo podemos especular que mayor vivacidad o mayor intensidad quieren decir que hay más circuitos neuronales involucrados en ese sueño o en ese sentimiento. Y eso es todo… Más allá solo existen suposiciones.

Aunque a los neurólogos y a los psicólogos les encantaría cuantificar el tamaño del yo, tal ambición resulta imposible de materializar. Los primeros, quizá, lo intentarían *midiendo* el volumen cerebral donde el yo es más intenso; los segundos podrían embarcarse en pruebas de personalidad. A nada llegarían. No obstante, un atributo que es inexistente cuando el óvulo es fecundado y es casi nulo al nacer el bebé, pero aumenta lentamente con la edad cronológica del niño, se ajusta de diferentes maneras durante la adolescencia, se estabiliza más o menos en la edad adulta y retorna a un mínimo (o a cero) cuando la muerte se acerca en la vejez, pues ha de tener cierta magnitud.

¿Tiene sentido discutir el tamaño de un término tan abstracto como la noción del yo? Hablar del tamaño del yo puede resultar impráctico y quizá necio. Sí es necesario, en cambio, hablar de la posibilidad de reducir el tamaño del yo.

Una metáfora puede resultar útil. El viento, el movimiento de aire ocasionado por la diferencia de temperaturas en la superficie terrestre, es un fenómeno físico que, como evento real, tiene cierta similitud con la noción del yo. El yo es un gran conjunto de instrucciones neuronales en acción; los vientos son corrientes de aire en movimiento. El yo de alguien y el viento en algún lugar tienen ambos tamaños difusos, pero ambos son caracterizados por intensidades y territorios. Es posible medir la velocidad de tal viento y estimar las áreas por los cuales está soplando. Aunque no podríamos calcularla, bien podríamos sopesar la intensidad del yo de las personas así como inferir los territorios donde este se manifiesta. Dentro de la libertad que ofrecen las metáforas y para cerrar este símil, es posible decir que cuando se reduce el tamaño de un yo (como se discute a continuación), estamos disminuyendo la velocidad de sus vientos mentales y aminorando el área del territorio por donde esos vientos están soplando.

Disminuyendo la redundancia

Está claro pues que el tamaño indefinido del yo cambia todo el tiempo, creciendo desde la concepción misma hasta el final impreciso de la adolescencia y luego decreciendo desde el también indefinido inicio de la senectud hasta el final de la vida. Las variaciones, sin embargo, no son solo a lo largo de la existencia. Como el ego redundante se infla y se encoge todo el tiempo, el tamaño del yo total varía de manera permanente: cuando nos estamos durmiendo (se va achicando), cuando bebemos alcohol o consumimos drogas (se va enturbiando), cuando desarrollamos un nuevo hábito, cuando adquirimos alguna propiedad, cuando nos enamoramos, cuando comenzamos a odiar a alguien… En un sentido más amplio, el tamaño del yo aumenta cada vez que añadimos condicionamientos mentales, sean útiles o dañinos, a la base de datos neuronal.

Más allá de las situaciones específicas anteriores o de otras similares, ¿es posible influir a propósito en el tamaño del yo? La respuesta es sí. Sí es posible influir en la magnitud de la vasta red de circuitos neuronales que generan el sentido de identidad, así como en la intensidad de las correspondientes expresiones de la individualidad asociadas a tales circuitos. En verdad tenemos influencia sobre esta importante dimensión y la ejercemos con frecuencia y sin darnos cuenta.

El aumento del yo ocurre espontáneamente, a través de todos y cada uno de los nuevos apegos o rechazos involuntarios que generan circuitos neuronales adicionales o fortalecen los ya existentes. Comúnmente queremos, a manera de ejemplo, más dinero, prestigio, relaciones o influencias. Cuando abrimos la puerta a estas posibilidades estamos permitiendo entradas de aire, cuando no soplándolo a presión, para inflar poco o mucho el globo agrandable del yo. En otras palabras, estamos gustosamente favoreciendo que el yo aumente de tamaño.

En oposición, la contracción del yo ocurre cuando soltamos los deseos intensos (o las aversiones y las opiniones sesgadas). Podemos lograr esto de la forma más difícil y casi imposible en la práctica, esto es con fuerza de voluntad extrema y renuncia implacable a todo aquello que nos esclaviza. Esta alternativa es demasiado ardua, asequible solo a los hércules de la fuerza de voluntad. Alternativamente, podemos lograr un resultado equivalente, mediante la práctica continua de la meditación de atención total. Esta aproximación, innecesario decirlo, con mejores perspectivas de éxito, también exige una buena dosis de determinación.

El alivio de los deseos desordenados, las aversiones y las opiniones sesgadas resulta de la activación de los circuitos inhibidores neuronales, que se encargan de debilitar o interrumpir la acción de otros cuantos circuitos excitadores —los directos culpables que nos llevan a demandar unas cosas, a detestar otras, y a aferrarnos a opiniones infundadas—.

Los sentidos de identidad crecientes, incluido el yo propio, saltan a la vista. A medida que añadimos más y más posesiones (materiales, intelectuales, emocionales…) o, más específicamente, a medida que nos apegamos a tales patrimonios, el yo se infla y se fortalece. Aunque las aversiones y las opiniones sesgadas son también expresiones de un yo crecido, las posesiones, en general, hacen más notorios los aumentos. Es en el crecimiento del ego redundante, por supuesto, donde aumenta el yo total. Aunque bien distinguimos los aumentos del yo en otras personas, comúnmente pasamos por alto el crecimiento del yo propio. Desafortunadamente, el yo, que poco se mira en el espejo mental, es casi siempre incapaz de evaluar su propia dimensión.

En el otro extremo, también tendemos a pasar por alto la sencillez de las personas desapegadas, cuyos yoes reducidos no manifiestan presunciones. Estos impasibles individuos, como podría suponerse, no son conscientes ni presumidos de su virtud; ellos, además, rara vez emiten juicios sobre terceras personas[72].

La meditación de atención total es la aproximación confiable para reducir el tamaño del yo crecido. Dado que la meditación es

---

72 **Pobres de "yo" (sentido de identidad)**: Una interpretación de la primera bienaventuranza cristiana ("Bienaventurados los pobres de espíritu porque de ellos es el reino de los cielos", *Mateo 5:3*) sugiere que Jesús realmente quiso decir: "Bienaventurado los pobres de "yo" (ego redundante pequeño)", o sea, bienaventurados aquellos cuyo "yo" es pequeño. Esta interpretación es lingüísticamente interesante porque el término para "yo" (sentido de identidad) en pali '*atta*' también significa alma o espíritu.

una práctica que voluntariamente emprendemos, la reducción del yo así conseguida es deliberada, es algo que hacemos a propósito: encendemos la *herramienta cortadora* por tanto tiempo como queramos, pero es la herramienta la que hace el trabajo por sí misma, con intervención mínima del operario. Sin lugar a dudas, la meditación de atención total es un enfoque más simple que la renuncia voluntariosa a los apegos, el control atento de las aversiones o la tolerancia forzada de las opiniones diferentes a las propias.

¿Cómo ocurre la reducción del tamaño del yo? La meditación de atención total *re-entrena* los mecanismos inhibidores neuronales para que desempeñen apropiadamente su función y procedan a ejecutar las tareas de control que habían *olvidado*, esto es, la suspensión de los apetitos por requerimientos artificiales o innecesarios, de los temores por amenazas imaginarias y de los sesgos hacia enfoques doctrinarios prejuiciados o creencias carentes de fundamento. Además, como ya fue mencionado, la meditación refuerza la facultad para permanecer atentos al cuerpo y a sus partes, a las sensaciones y a los estados mentales. La atención total, a su vez, refuerza la capacidad de control, en tiempo real, sobre los deseos intensos, las aversiones y las opiniones sesgadas. El control de este trío fatídico es la manera correcta de manejar el tamaño del yo.

Los condicionamientos mentales dañinos constituyen el ego redundante. El ego redundante es esa porción innecesaria y artificialmente aumentada del yo que podemos y debemos suprimir cuando emprendemos el ejercicio de la atención total.

¿Cómo suprime la meditación de la atención total el ego redundante? Podríamos pensar que el ego redundante es como el conjunto de rutinas neuronales de cada condicionamiento mental, que contiene tanto los datos sobre los eventos que inducen tales condicionamientos (los estímulos) como las instrucciones para lo que se va a hacer a continuación (las respuestas).

Es importante recordar que los condicionamientos mentales son distorsiones de mecanismos innatos. Mientras que es natural querer algo para comer cuando tenemos hambre, es anormal desear comida adicional cuando ya estamos llenos, como les sucede a las personas glotonas. La glotonería es un condicionamiento mental dañino. Los estímulos a este condicionamiento llegan a través de los sentidos, incluida la mente. En algunos casos, el simple hecho de pensar en comestibles o de hablar de restaurantes puede despertar el apetito. Las respuestas asociadas son las instrucciones gástricas para comer algo tan pronto como sea posible.

La meditación de atención total no borra ni cambia los mecanismos naturales de la alimentación o la digestión ni vuelve anoréxicos a los golosos. La supervivencia exige que mantengamos el deseo de nutrirnos —la disposición para usar la cuchara— cuando tenemos cierta dosis de hambre. Lo que la meditación de atención total realmente logra es el fortalecimiento de los circuitos inhibidores para que nos mantengan alejados de los platos sabrosos tan pronto como estamos llenos.

El sufrimiento es directamente proporcional al tamaño del ego redundante. La supresión del ego redundante —esto es lo que sucede durante la reducción del tamaño del yo— resulta de la reactivación de una miríada de circuitos inhibidores que no estaban haciendo su trabajo.

A partir de ahí, los circuitos reforzados y *re-entrenados* nos disuadirán de comer en exceso, de beber demasiado, de desear lo innecesario, de odiar sin razón, de enojarnos por cosas insignificantes, de asustarnos por peligros inexistentes, de llenarnos de prejuicios y opiniones sesgadas... Cuando todo esto ocurre, la ansiedad y el estrés, como dúo, desaparece.

El yo reducido

El yo —el sentido de identidad— es el arreglo supremo del cerebro y la característica sobresaliente de la naturaleza humana. Ninguna otra especie en la Tierra muestra tal atributo y, ciertamente, no en el grado de perfección que los seres humanos lo exhiben. El yo es la identidad inequívoca que se expresa cuando decimos yo, mío, me, mí, mi o uno mismo. El yo establece límites que separan *aquí* de *allá* y *esto* de *aquello*; y distingue entre yo, por un lado, y tú, él, ella o ellos, por el otro.

Con algunas excepciones provenientes de anomalías neurológicas poco comunes, todos los seres humanos muestran sus primeros indicios de individualidad poco después del nacimiento. El rasgo de la identidad simbólica de los seres humanos es la cumbre de la evolución de las especies. Bajo el comando del extraordinario programa genético aún incomprensible que la selección natural puso en el cerebro humano, el diseño espontáneo del *software* neuronal recibe desde afuera entradas permanentes de información y las utiliza para crear más reglas adicionales alrededor de cada nueva experiencia relevante. Esa combinación dinámica de instrucciones y memorias se convierte en el yo, el gestor de facto de todo lo que hacemos.

La identidad simbólica se conecta tan íntimamente con la individualidad física que resultan inseparables; ambas se comportan como un único todo porque intercambian mensajes incesantemente. Una descripción supersimplificada de los acontecimientos sería así: el *software* neuronal da instrucciones a todo el cuerpo y almacena las memorias en el cerebro; el cuerpo interactúa con el medio ambiente, ejecuta actividades y envía la información recogida al cerebro. Cuando es relevante, el programa neuronal se autoactualiza con la experiencia recolectada. Muy dinámico durante la infancia y la adolescencia, el proceso de automodificación se desacelera después de la madurez y se mueve hacia atrás a medida que nos acercamos a la vejez.

Las acciones inesperadas que se desvían de las reglas —comer demasiado, beber alcohol, convertir temores en odios, asustarse sin motivos reales— confunden y trastornan el *software* neuronal. Entonces este sofisticado *software* no puede distinguir lo correcto y natural de lo incorrecto y antinatural y ajusta su código para que procese los nuevos eventos como si fueran normales. Así pues, es en este punto cuando los condicionamientos mentales perjudiciales entran a formar parte del programa neuronal como ego redundante.

El ser esencial es lo que queda del yo inflado cuando se elimina la porción redundante. El ser esencial es también el yo operativo constante de aquellos individuos excepcionales, con resistencia innata a los condicionamientos dañinos. Tales personas nunca necesitan meditar y su yo jamás se crece. Ni el ser esencial ni el ego redundante son entidades claras. Ambas nociones son tan abstractas y difusas como el *tamaño* del yo discutido anteriormente, o como el *tamaño* del viento, con el cual fue comparado.

El ser esencial es una característica de cada individuo y no hay comportamiento uniforme o reconocible en las personas que actúan desde su ser esencial. Después de que alguien silencia sus condicionamientos mentales dañinos, sus condicionamientos mentales provechosos, que son diferentes para cada persona, permanecen activos.

El ser esencial no recibe influencias dañinas de los condicionamientos mentales perjudiciales, bien sea porque estos han sido apagados, o porque nunca contaminaron su cerebro. El yo —ya sea el inflado de la mayoría de nosotros, el ser esencial después de la *limpieza* de las manchas de los condicionamientos dañinos, o el ser esencial de los pocos afortunados que no se infectaron— dirige nuestras acciones sin importar la fuerza de voluntad que pretendamos ejercer.

En otras palabras, siempre actuamos desde el *código neuronal* del momento, sea el yo inflado o el ser esencial. El yo del instante es lo que maneja nuestra vida. El yo siempre es el jefe encargado. Cuando decimos *yo, mí* o *mío*, es la identidad simbólica la que está hablando, independientemente de qué tanto esta identidad se encuentre inflada o distorsionada[73]. ¿Qué tan diferente

---

73 **Uso del pronombre en primera persona del singular**: El uso de los pronombres en primera persona del singular es desalentado no solo por las pautas de la buena escritura, sino también por maestros espirituales. La utilización de *mí* o *yo* (así como de *mío* o *mía*) se considera presuntuosa y distanciadora. ¿Son estos usos el reflejo de un ego redundante particularmente crecido? Cualquier respuesta a esta pregunta es hipotética. El filósofo J. Krishnamurti, de quien puede pensarse que era una persona libre de egoísmos, consistentemente se refería a sí mismo en sus conferencias como 'el orador'.

es nuestro comportamiento en los dos escenarios, el impulsado por un yo contaminado contra el generado por el ser esencial? Esta pregunta se responderá a continuación.

El yo inflado contra el ser esencial

El ego inflado —el ser esencial más el ego redundante— desconoce la existencia de algo denominado ser esencial. De hecho, las tres nociones corresponden a gigantescos conjuntos, dinámicos y difusos, de instrucciones neuronales en el cerebro.

Cuando somos codiciosos, rencorosos o sesgados en las opiniones, no vemos nada anormal en tales comportamientos porque el yo inflado, que determina cada minuto lo que hacemos y pensamos, los acepta y los respalda.

Desde el yo inflado, las cosas que deseamos con intensidad, los objetos por los que sentimos aversión o las opiniones sesgadas por las que estamos dispuestos a luchar son todas manifestaciones diferentes de apegos o rechazos que *provienen* no de algo desde *adentro* de nosotros, sino de condicionamientos mentales llegados y adquiridos desde *afuera*.

Por el contrario y metafóricamente hablando, las pertenencias nos poseen; los odios esclavizan nuestros sentimientos; las opiniones sesgadas determinan lo que pensamos.

Con respecto a las opiniones, el yo inflado es intolerante e inflexible. Las opiniones, sean políticas, religiosas o sectarias, no admiten discusiones y son verdades incuestionables ante las cuales todo lo demás está errado.

El ser esencial, aunque anhela la libertad, es débil, comparado con la fortaleza del yo inflado, y no lucha por sus anhelos, ni con energía ni con constancia. Ocasionalmente, el ser esencial descubre las dependencias y las debilidades en la conducta y llega admitir situaciones que se deben cambiar: "Tengo que comer menos, debo ser más tolerante con esa persona, mis opiniones podrían estar equivocadas". Este libro, amable lector, espera ser un motivador en tal dirección. Pronto, sin embargo, el yo inflado golpea nuestra cabeza y muestra con claridad quién es el jefe. Por la *dictadura* del yo inflado, por ejemplo, la gente no cumple con sus resoluciones de fin de año. En el diseño neuronal de la gerencia de la conducta no hay segundo a bordo y el yo inflado, el *dictador*, nunca actúa en contra de sus propias reglas.

Sin embargo, es a través de las sospechas y los indicios de que algo podría andar mal —quizá menos comida, tal vez más tolerancia— por lo que el ser esencial abre la puerta a una especie de rebelión pacífica y puede finalmente tomar el timón. A menos que esto ocurra, el yo inflado gobernará nuestras vidas para siempre.

La atención total es consciencia permanente. El ego redundante, la porción negativa del yo inflado, no está —no puede estar— al tanto de los daños que está infligiendo. La meditación de atención total y la atención total son los hábitos por desarrollar para llevar a cabo esta revolución personal. La decisión de meditar y la práctica de la atención total son acciones del ser esencial. Es necesario abrirle el espacio a la atención total para impulsar la *artillería pacifista* que se ha de utilizar en la batalla contra los condicionamientos mentales.

A través de la observación de los condicionamientos dañinos, la atención mental los debilita. Cuando estamos conscientes, sea por minutos o por horas, operamos desde el ser esencial. Esto significa que somos capaces de observar las formaciones condicionadas dañinas como si estuvieran *allá* afuera; de hecho, están afuera del ser esencial. Esos son los momentos en los cuales reconocemos el poder de la atención, aceptamos la posibilidad de mejorarla a través de la meditación y emprendemos entonces el camino hacia la libertad. Con paciencia y con tenacidad, nos moveremos en la dirección correcta y, finalmente, llegaremos a un destino que nos parece familiar, a pesar de nunca haber estado allí. Este es el camino correcto por seguir.

Cuando alcanzamos la meta y empezamos a operar desde el ser esencial, los condicionamientos mentales perjudiciales pierden su poder sobre nosotros —esto es, se convierten en código neuronal inactivo— porque los circuitos inhibidores, reforzados y renovados, los mantienen ociosos, ociosos y a raya. A partir de allí, el yo es solo *ser esencial* —el ego redundante se apacigua y se *duerme*— y los apegos desaparecen.

Ya sabemos que los condicionamientos dañinos, que están en el código del ego redundante, son el origen de la ansiedad y el estrés. Cuando silenciamos los deseos intensos, las aversiones y las opiniones sesgadas, y cuando desinflamos el yo crecido, el ser esencial recupera el control que idealmente nunca debió haber perdido. Entonces el sufrimiento termina y la armonía interior surge. En otras palabras, el ego redundante es el territorio donde las raíces del sufrimiento están sembradas mientras que el ser esencial es el suelo donde germina la armonía interior.

Capítulo 13
Hacia la liberación

Transformación

Los cambios de estilo de vida, tales como abandonar una adicción, cultivar un nuevo hábito, comenzar un trabajo diferente o empezar a meditar, son procesos de transformación. "Ahora me siento diferente", podrían decir algunos. En los inicios de la transformación, los cambios de estilo de vida requieren ajustes en conocimientos, habilidades y actitudes y, a lo largo de todo el proceso, exigen determinación considerable y sostenida. Este cuarteto de elementos —conocimientos, habilidades, actitudes y determinación— es el agente de cualquier cambio, sea este personal, grupal, empresarial o social.

Cambiar es empezar a comportarse de manera diferente; no es, a manera de ejemplo, utilizar ropa limpia todos los días o alterar la secuencia para ponernos las prendas, sino modificar por completo el estilo, los colores o las marcas de los trajes que usamos. La materialización de nuevos comportamientos requiere de los cuatro agentes ya enumerados. Los tres primeros son el aprendizaje de conocimientos diferentes (y el abandono de los obsoletos), la adopción de nuevas habilidades (y la suspensión de las anteriores inútiles) y el desarrollo de actitudes creativas (y el cuestionamiento de las establecidas). Estos factores —conocimientos, habilidades, actitudes— y la implantación propiamente dicha demandan, de principio a fin, el cuarto agente: el compromiso total de quienes buscan el cambio y la obligación emocional para iniciar, ejecutar y completar las tareas requeridas.

Un ejemplo común ayuda en la comprensión de estos agentes. Si somos adictos al alcohol y decidimos acabar con el hábito, es necesario tomar ciertas acciones, deshacer algunas costumbres y reformar otras cuantas más, así como actuar con intensidad y entusiasmo, todo el tiempo, para acabar con la adicción. El asunto no es tan sencillo como una resolución emocional de hoy para suspender la bebida a partir de la semana entrante. Las personas que han enfrentado problemas con el alcohol (este autor tiene experiencia en el tema) saben bien que este proyecto demanda numerosas tareas laboriosas que van mucho más allá de las buenas intenciones. Las acciones correctivas siempre deben ocurrir inmediatamente o tan pronto como sea posible.

Los siguientes párrafos contienen ejemplos de acciones y supresiones para controlar el consumo de bebidas embriagantes (esta lista no es de ninguna manera una receta para lidiar con el alcoholismo). Las personas con dependencias deben reconocerlas como tales y tomar consciencia de sus perjuicios (deterioro de la salud, problemas con las relaciones sociales, peligros de conducir embriagados…). Adicionalmente, los adictos no solo tienen que evitar los bares sino apartarse de los amigos bebedores, y deben percatarse de la falacia de los supuestos beneficios de la bebida, como la disminución de la timidez o la mayor fluidez en las comunicaciones.

La aplicación de los agentes de cambio es escalonada. El conocimiento viene primero, esto es, tenemos que tener claro que la bebida afecta todas las dimensiones de nuestra vida —salud, familia, trabajo, relaciones—.

Las habilidades, el segundo agente, vienen a continuación y debemos ejercitar las cosas por hacer (y abstenernos de realizar las que hay que evitar). Tenemos que acostumbrarnos a decir "no, gracias" cuando nos ofrezcan la primera copa, hemos de reconocer abiertamente los problemas que trae el alcohol y regalar o destruir las botellas que tenemos en casa. Podemos, adicionalmente, asistir a reuniones de Alcohólicos Anónimos, un grupo de apoyo altamente recomendable. En el lado de las abstenciones, por ejemplo, no debemos comprar licor, visitar bares o asistir a cocteles.

Las actitudes son el tercer ingrediente. Debemos *hacernos propaganda* a nosotros mismos sobre la suspensión del hábito y darle la bienvenida a la idea de ser abstemios. También podemos permanecer atentos a las ventajas del cambio (ahorro de dinero, más tiempo para la familia y para otras actividades, más horas de sueño, ausencia de malestares y resacas…) e irnos acostumbrando a la idea de que los comportamientos de los borrachos van desde aburridos e irrespetuosos hasta insoportables y repugnantes.

Una vez actualizados los conocimientos, las habilidades y las actitudes, agregado lo requerido y desechado lo sobrante, estamos listos para el comportamiento nuevo. La determinación personal, que ya hemos ejercido con los tres primeros agentes, se enfrenta ahora al desafío más difícil de todos: dejar de beber para siempre, como nuevo comportamiento —una nueva vida—. Al adoptarlo, con seguridad funcionaremos con éxito y de una manera diferente.

¿Cómo ayudan los libros en la implementación del cambio personal? Independientemente del tipo de cambio que podamos considerar, el poder de influencia de los libros disminuye a medida que progresamos —que avanzamos— en los cuatro agentes. Un libro bien escrito y bien organizado puede transmitirnos: 1) casi la totalidad del conocimiento requerido para casi cualquier cambio —el qué—, 2) la parte instructiva de las habilidades —el cómo— y, quizá, 3) el entusiasmo y la motivación necesarios para el proyecto. Pero esto es lo más lejos —lo más avanzado— que un buen libro puede acompañar a un aspirante. Después de este punto, los interesados en cambiar están por su cuenta y riesgo, y dependen exclusivamente de ellos mismos.

Los agentes de cambio y el camino

El camino de la atención total es una transformación hacia un estado en el cual el sufrimiento está ausente, y que evoluciona espontáneamente hacia la armonía interior. Como ya se mencionó, la eliminación del sufrimiento requiere de la destrucción de sus raíces, esto es, de la eliminación de los deseos intensos, las aversiones y las opiniones sesgadas. El proceso, sin embargo, no está apuntando hacia una forma específica de ser o de vivir que cumpla con ciertas reglas o busque circunstancias predefinidas. No, el cambio que proviene del ejercicio de la atención total es la eliminación de los deseos intensos, las aversiones y las opiniones sesgadas… Y eso es todo. El comportamiento que de allí resulta —una vida en la cual no existe el sufrimiento— se manifiesta dentro de cada persona como su armonía interior, que cada individuo percibe y disfruta a su manera.

De la misma forma que quienes no beben se comportan y lucen como abstemios, las personas sin ansiedad ni estrés se comportan y lucen como personas que simplemente disfrutan de la armonía interior. El abstemio en potencia —la persona que está dejando atrás el licor— no tiene que planear una vida diferente. La nueva vida, con mejores relaciones, mejor conducta, mejor situación financiera, ocurrirá automáticamente cuando su consumo de alcohol se detenga.

Igualmente, el viajero en el camino de la atención total no necesita establecer objetivos o desarrollar visiones para una existencia diferente. La nueva vida de armonía interior, sin sufrimiento, solo sucederá cuando los deseos intensos, las aversiones y las opiniones sesgadas se detengan. Lo que el viajero necesita hacer es poner en acción los cuatro agentes de cambio: conocimiento, habilidades, actitudes y determinación. Así la transformación ocurrirá espontáneamente. Los siguientes párrafos describen los eventos que ocurren en el transcurso de cada agente.

Conocimientos: Antes de tomar la decisión de eliminar la ansiedad y el estrés, es necesario familiarizarse con dos tipos de conocimiento. Uno, que viene de afuera, es la descripción del sufrimiento, que podemos obtener de un libro, un expositor, un curso u otra fuente. El otro viene desde adentro: el reconocimiento del sufrimiento mediante la observación directa de los sentimientos y los estados mentales asociados a tal experiencia.

El concepto ansiedad y estrés ha sido cubierto con suficiente detalle y, en consecuencia, bien sabemos que es necesario aceptar su realidad, sus orígenes, la posibilidad real de detenerlos (o al menos de reducirlos) cortando de tajo sus raíces, y la aplicación de la atención total para acabar con tales raíces. La gran dificultad de la ansiedad y el estrés proviene de un hecho extraño: aunque casi todo el mundo los padece, en algún momento, la mayoría de las personas tienden a negarlos.

La aceptación del sufrimiento es autoconocimiento, algo que nadie puede enseñarnos. La solución de cualquier problema comienza con su aceptación; nadie puede resolver un problema cuya existencia ignora o niega. Para comenzar una batalla, primero es necesario admitir que existe un enemigo. Si se niega la presencia del sufrimiento, la iniciación de un proyecto para corregir tal situación es un esfuerzo inútil. El sufrimiento es un sentimiento de trasfondo y, como tal, solo cada individuo puede experimentar sus efectos. Cada persona atraviesa por su ansiedad y su estrés a su manera y cada persona tiene su propio nivel de tolerancia a su impacto, diferente del nivel de los demás.

Nunca se agotan las excusas y las explicaciones para las circunstancias incómodas dañinas: "Yo trabajo mejor bajo presión", "un cierto nivel de estrés es saludable", "este dolor de cabeza es temporal", "fue solo un momento de mal humor"… El conocimiento, como agente de cambio, nos invita a mirar de cerca el espejo de nuestros sentimientos y de nuestras relaciones.

Habilidades: La atención total es la habilidad por desarrollar para controlar los deseos intensos, las aversiones y las opiniones sesgadas. La meditación es la herramienta por utilizar —técnica que debemos aprender y aplicar— para mejorar tal habilidad.

Las instrucciones para usar la herramienta son muy simples. Este libro contiene las directrices que los interesados pueden seguir para su práctica. Estas directrices resultarán elementales para aquellas personas que tienen alguna experiencia con meditación de atención total u otras formas estáticas y silenciosas de meditación. Sin embargo, como se mencionó antes, la orientación inicial de un instructor honesto siempre puede resultar útil.

Con todo tipo de objeciones, casi todo el mundo tiende a resistirse a la idea de meditar. El permanente revoloteo mental y la consecuente dificultad de concentración son las excusas más comunes para respaldar la resistencia a la meditación. Irónicamente, estas son justamente las mejores razones por las cuales una persona debería iniciar la práctica. Un poco más adelante, en el subtítulo *Determinación*, aparecen algunas justificaciones adicionales que suelen fabricar los renuentes.

La habilidad de la atención total mejora con la meditación: cuanto más meditemos, más atentos y centrados seremos, en menor proporción nos afectarán las formaciones condicionadas perjudiciales y más nos beneficiaremos de la meditación... Después de meditar durante algún tiempo con *suficiente* constancia, la secuencia se convierte en un círculo virtuoso. *Suficiente*, cabe anotar, es diferente para cada persona y puede significar desde unas pocas horas para algunos, hasta días o incluso meses para la mayoría de las personas.

En algún momento, la atención total se convertirá en una especie de *meditación en acción*, lo que significa que, mientras permanecemos vigilantes y conscientes en la vida diaria, estamos simultáneamente ejercitando la habilidad.

Actitudes: Hay una frase de repetición frecuente en los talleres de motivación: "Si existen razones suficientemente poderosas para efectuar cualquier tarea razonable y justa, por difícil que esta sea, siempre seremos capaces de ejecutarla". ¿Conclusión? Para comenzar a meditar solamente necesitamos motivos suficientes y, casi automáticamente, actuaremos en consecuencia. Los porqués son los motores de las actitudes. Cuanto más crucial es el motivo, más favorable —más determinante— será la actitud. El proyecto de comenzar la práctica de la meditación y el proceso de convertirla en un hábito requieren una actitud abierta y receptiva. Es necesario, por lo tanto, encontrar justificaciones convincentes y abundantes incentivos, así como sentir las necesidades intensas que implacablemente nos han de llevar a la acción.

Este libro proporciona algunos de los incentivos que deben impulsarnos hacia la atención total a través de la meditación. Las fuentes de las recomendaciones se extienden a lo largo de milenios. En los comienzos ya remotos, el Buda no solo aboga por la meditación, sino que también provee numerosos detalles sobre la forma como podemos permanecer atentos. Veinticinco siglos después, las ciencias cognitivas están confirmando la solidez de las recomendaciones del Sabio y están identificando las razones neurológicas que explican sus beneficios. Estos dos soportes, ambos de peso pesado, resultan muy convincentes para los candidatos racionales que pudieran estar interesados en la meditación.

Además de la sabiduría antigua del Buda y la investigación moderna de los académicos, la creciente atención de los medios de comunicación a todas las aproximaciones disponibles para controlar la ansiedad y el estrés —estando la meditación de atención total en la parte superior de los *rankings*—, es también un tercer elemento alentador para iniciar el *proyecto de meditación*. El cubrimiento del tema en los medios es tan amplio que despierta un interés firme o, cuando menos, una curiosidad mayor alrededor de la importancia de la atención total.

Los incentivos que deberían atraer a casi cualquier persona hacia la meditación, provienen del conocimiento, el primer agente del cambio. Los incentivos enfatizan los beneficios que obtendremos si hacemos algo y se fundamentan en algo agradable, como la armonía interior que experimentaremos a través de la práctica de la atención total. Los incentivos halan o atraen.

Los propulsores —los motores—, por otro lado, son como espuelas o pistolas que nos obligan a movernos hacia delante o hacia afuera; su énfasis no está en algún placer que disfrutaremos en el futuro sino en un dolor punzante que queremos evadir ahora. Los propulsores de la atención total —los amenazadores— provienen de la ansiedad y el estrés que nos están *doliendo* hoy.

La siguiente historia ilustra las diferencias entre los incentivos que estimulan a hacer algo y los propulsores que demandan acción[74]. Un escéptico preguntó en alguna ocasión a un

---

74 **Lo que perdemos con la meditación**: La historia de esta referencia es tomada del prefacio de la traducción de *The Dhammapada*, de Eknath Easwaran. Según el autor

erudito: "¿Qué ha ganado usted con la meditación?". El erudito respondió: "Nada en absoluto". Con esa respuesta, el escéptico fue aún más suspicaz: "Entonces, ¿para qué sirve meditar?"."Permítame decirle —explicó el erudito— lo que perdí por culpa de la meditación: enfermedades, ira, depresión, inseguridad, los achaques de la vejez, el miedo a la muerte. Ese es el beneficio real de la meditación, que conduce a la liberación del sufrimiento".

La ansiedad y el estrés —los amenazadores— son la clase de necesidad intensa que debe movernos a meditar. Por supuesto, primero tenemos que admitirlos. Si así lo hacemos y comprendemos *desde adentro* la realidad del sufrimiento, entonces el consejo del erudito se convierte en autoconocimiento.

Cuando juntamos los incentivos de la posibilidad de acabar con el sufrimiento (conocimiento recibido desde afuera) con la ansiedad y el estrés que experimentamos directamente (conocimiento aprendido desde adentro), tendremos en las manos y en el cerebro la actitud correcta para empezar a meditar, en serio, con la dedicación y la resolución que cada persona requiere.

Determinación: Una vez que tenemos los conocimientos para completar lo que queremos hacer, poseemos las habilidades requeridas por el proyecto y tenemos la actitud para completarlo, estamos listos para la acción definitiva. El cambio del descuido y la distracción hacia la atención total, aunque progresivo y lento, va a ser mucho menos difícil de lo que pensábamos originalmente. En cualquier caso, desde la obtención del conocimiento requerido, el ejercicio de las habilidades correctas y el desarrollo de las actitudes apropiadas, hasta la adopción de la meditación y la atención total como hábitos, la determinación es inexorable.

Como fue mencionado, la mente dispersa es la primera excusa que surge para sacarle el cuerpo a la meditación. El segundo

---

de este prefacio, el maestro que responde a las preguntas es el mismo Buda. Manteniendo el énfasis del mensaje, el texto de la narración se ha modificado porque no aparece (al menos este autor no la encontró) en el Canon Pali.

pretexto más común es la falta de tiempo; tal excusa es también la mejor prueba —el mayor reto— para la determinación. La forma como establecemos las prioridades, deliberada o inconsciente, determina la secuencia de la mayor parte de todo lo que hacemos en la vida cotidiana. De alguna manera, tenemos que trabajar alrededor de nuestras reglas de prioridad para dar cabida a la meditación. Tres aproximaciones contribuyen al logro de este propósito.

En la jerarquía de las necesidades humanas [75], las necesidades fisiológicas (alimentos, sueño, refugio…) son las más urgentes. Las necesidades de seguridad (protección, salud, ocupación…) vienen en segundo lugar, y las necesidades sociales (de pertenencia, amor, familia, amigos…) ocupan el tercero.

El primer enfoque por considerar para abrirle tiempo a la meditación se encuentra en el área de las necesidades sociales. Mientras que las necesidades fisiológicas y las de seguridad no son opcionales y tendremos serios problemas de supervivencia si no cumplimos con sus exigencias, algunos de los ingredientes de las relaciones sociales bien pueden ser discrecionales. A pesar de que el proceso de asignar prioridades personales es subjetivo, los ítems diferentes a las obligaciones laborales y profesionales, tales como los deportes, los *hobbies*, las afiliaciones a grupos, el entretenimiento, las fiestas y otras actividades de ocio, son buenos candidatos para contrastar su prioridad con el tiempo para dedicar a la meditación.

El segundo enfoque, que apoya al primero, consiste en aumentar la importancia asignada a la meditación en comparación con otras actividades. La salud, un elemento de las necesidades de seguridad, es un área que da peso a la meditación. Los beneficios de la meditación —el hecho real de que apoya a la salud como una necesidad de seguridad— son un factor importante por tener en cuenta en la elaboración de prioridades y la planeación global del calendario.

---

75   Maslow, Abraham. *Motivation and Personality*. Nueva York: Harper & Row Publishers Inc., 1987.

El tercer enfoque es la revisión de la asignación de tiempo para satisfacer los condicionamientos mentales cuya carga puede ser *pesada* en nuestro calendario. En este sentido, las formaciones condicionadas son una cuestión compleja dado que estas son parte del problema de no tener tiempo para meditar, pero su eliminación es justamente la solución que estamos buscando.

Los condicionamientos mentales manipulan las prioridades y se cuelan en las preferencias *prioritarias* por delante de decisiones más racionales. Inconscientemente, las actividades que satisfacen los deseos desordenados, las acciones que evaden los objetos de las aversiones, o la dedicación a las preferencias o las animadversiones de las opiniones sesgadas, consumen mucho del ya limitado tiempo.

Para comenzar, la satisfacción de los deseos intensos y las adicciones consume largas horas. Los hábitos como beber, fumar, comer en exceso, ver televisión, cacharrear y chismosear, son ejemplos de comportamientos viciosos o repetitivos que fácilmente podrían omitirse o reducirse.

Aunque en menor medida, las acciones para evadir los objetos o las circunstancias de las aversiones o fobias también consumen demasiado tiempo. Tales evasiones disminuyen la productividad y, por lo tanto, son pérdidas de horas. Si les tenemos miedo a los aviones, podemos conducir, así tome más días; si odiamos ir por autopistas, tomamos caminos secundarios. Si odio a ese fulano, doy un rodeo rumbo al trabajo para no pasar por su casa.

Debido a las opiniones sesgadas y dado que las adhesiones usualmente son irracionales, gastamos horas asistiendo a reuniones, viendo jugar a nuestro equipo favorito, participando en ceremonias, apoyando ideologías o defendiendo puntos de vista. Tales actividades tienden a convertirse en adictivas y, por lo tanto, consumen tiempo y recursos.

Si aplicamos la atención total a las formaciones condicionadas —si en los destellos del ser esencial tomamos consciencia de tales formaciones condicionadas—, podríamos *desactivarlas*, liberando así tiempo para la meditación. Permanecer atentos es tarea difícil para la mente dispersa, pero sencilla para la mente atenta, centrada y focalizada. La dispersión proviene de condicionamientos mentales y podemos planear pausas para revisarlos. Curiosamente, estos vislumbres de la atención total (la solución ideal definitiva que buscamos) ayudan en la solución del problema (la falta de tiempo para meditar) y mejoran la determinación para emprender la meditación, abriendo así espacio permanente para la atención total.

El tercer pretexto para evadir la meditación es la dificultad intrínseca de su práctica, dificultad que resulta de la mente distraída y volátil (la segunda excusa). Aunque el tema ya fue cubierto, es necesario enfatizar que la determinación es igualmente necesaria para prevalecer sobre esta barrera. Cuando reconocemos la dispersión mental y de alguna forma sacamos tiempo para meditar, entonces debemos comprometernos a ejercer determinación incansable para permanecer constantes, independientemente de lo aburrido, frustrante o difícil que resulte el ejercicio inicial.

La determinación es el agente más crítico de cualquier transformación. Cuando estamos verdaderamente comprometidos, hacemos lo necesario y hasta lo *imposible* para cultivar y ejercer los otros tres ingredientes claves: conocimientos, habilidades y actitudes.

Las paradojas

Hay dos interesantes paradojas asociadas con los hábitos de la meditación y de la atención total. La primera proviene de la necesidad de centrar la determinación (el cuarto agente del cambio) en la meditación —cuya práctica inicial resulta difícil para casi todos los principiantes— en vez darle prioridad a la atención total (el objetivo deseado), como parecería razonable a primera vista.

La segunda paradoja es el contraste —la diferencia mayor— entre la gran dificultad que implica la meditación para muchas personas y la facilidad de la práctica para la minoría que ha sido constante en su dedicación.

Comencemos con la primera paradoja. La eliminación del sufrimiento requiere tanto de la meditación —un ejercicio periódico y continuo— como de la atención total —la vigilancia permanente—. Estos hábitos están íntimamente conectados, a pesar de su independencia, y es justamente esa independencia lo que hace del recorrido del camino una meta alcanzable.

La meditación, cuyas instrucciones son claras, facilita la atención total, cuya definición —la observación permanente de la vida a medida que se desenvuelve— es un tanto abstracta y de corte casi literario. A medida que aumentamos la frecuencia y la duración de las sesiones de meditación, la atención total se torna más y más en un hábito natural. Si bien necesitamos asignar tiempo específico para meditar, tanto como sea factible, la atención total debe ejercerse en tiempo real, o sea, en paralelo con la vida rutinaria. Adicionalmente, el ejercicio de la atención total, importantísimo por sí mismo, resulta además útil porque *genera tiempo libre para meditar más*, dado que la vigilancia permanente aumenta la efectividad en la ejecución de las tareas cotidianas.

En consecuencia, la determinación debe centrarse en la meditación, tanto para impulsar inicialmente el hábito —la adquisición del conocimiento, el desarrollo de las habilidades, la generación de las actitudes— como para hacer de la meditación un ejercicio continuo. Facilitando la atención total, la determinación exitosa de meditar resuelve la primera paradoja.

La segunda paradoja es el hecho de que muchas personas consideran la atención total difícil, mientras una minoría la encuentran muy fácil y natural. Un texto bien reconocido del siglo VI, denominado *Los Versos de la Fe en la Mente*[76] —uno de los escritos

---

76 **Los Versos de la Fe en la Mente**: Este texto, de menos de mil cien palabras en su versión en inglés, se atribuye a Seng-Tsan, un patriarca zen chino del siglo VI. Las diferencias de redacción de las versiones en inglés reflejan las dificultades mayores de las traducciones de textos orientales. El espíritu y la belleza del mensaje, sin embargo, permanecen en todas las versiones. Las líneas citadas, como se muestran en español, se adaptan a la terminología empleada por este libro, sin alterar la esencia de su significado.

más profundos y más breves del pensamiento oriental— explica ambas paradojas. Las primeras líneas del texto, un maravilloso resumen de lo que este autor denomina budismo pragmático, declaran:

El camino[77] no es difícil para aquellos que no tienen preferencias.
Cuando los deseos intensos y las aversiones están ausentes todo resulta claro y diáfano.
Hagamos una distinción insignificante, sin embargo, y el cielo y la tierra se apartarán hasta el infinito.
Si queremos ver la verdad, no tendremos opiniones sesgadas a favor o en contra de nada.
El conflicto entre lo que nos gusta y lo que nos disgusta es la enfermedad de la mente.
Cuando no entendemos el significado profundo de las cosas, nuestra armonía interior se perturba en vano.

La primera frase "El camino no es difícil" parece contradecir el alto nivel de determinación que exige la meditación, pues siempre esperamos que los proyectos fáciles demanden menor dedicación. La segunda línea, sin embargo, establece el requisito para que el camino sea fácil, esto es, no tener preferencias. No tener preferencias es el resultado de soltar —de dejar ir— los deseos intensos, las aversiones y las opiniones sesgadas. Esto se logra con la meditación que ayuda al desprendimiento, a *dejar ir*. Una vez que

---

77 **El Camino o el Tao**: En lugar de "camino", las traducciones de "Los Versos de la Fe en la Mente" usan la palabra *way* del inglés o la palabra *tao* del chino, que significa principio absoluto u orden natural y es la raíz de la cual proviene la palabra taoísmo. El taoísmo es una filosofía mística china que defiende una vida honesta, simple y sin ninguna interferencia en el curso de acontecimientos naturales para conformarse al tao. La filosofía taoísta se convirtió en una religión con mucho contenido mágico. La elección de "camino" en la traducción de este autor busca la coherencia con el "Camino de la atención total" que el Buda recomienda. Además, para la tercera línea, la mayoría de las traducciones usan el amor y el odio en lugar de los deseos intensos y las aversiones, elegidos para este libro.

las formaciones condicionadas perjudiciales se apaciguan, el camino se torna fácil. La enfermedad de la mente que proviene de la lucha de las preferencias y los rechazos, *los gustos y disgustos*, es el sufrimiento. Mientras no comprendamos la ansiedad y el estrés, sus raíces, su terminación y la forma de eliminar este dúo, no experimentaremos la armonía interior. En estas pocas líneas, estos versos son el mejor compendio de lo que este libro ha cubierto en detalle.

Como dice Santa Teresa, refiriéndose a la oración mental, con la práctica repetida el ejercicio se hará progresivamente más fácil. Debemos escuchar el consejo de la monja católica (el proceso es similar aunque sus propósitos son diferentes) y seguir meditando metódicamente. La determinación dará sus frutos y, a medida que comencemos a cosechar los beneficios, la meditación se convertirá en una rutina sin esfuerzo. Entonces, cuando dejemos de tener preferencias, el camino hacia la atención total y el camino de *Los Versos de la Fe en la Mente* serán fáciles. Esto aclara la segunda paradoja.

Capítulo 14
Comenzando a meditar

Cosas por hacer y cosas por evitar

Las personas que han llegado hasta aquí en la lectura de este libro, hayan o no meditado alguna vez, han de tener un buen grado de interés en el ejercicio de la meditación y en el hábito de la atención total. ¿Qué deben hacer?

Esta sección repasa las recomendaciones que tanto los estudiantes con alguna experiencia como los principiantes deben seguir, y discute las consideraciones para tener en cuenta en la selección de instructores y escuelas. Las observaciones anotadas también son aplicables para los interesados en entrenarse mediante alguno de los numerosos programas de audio y video que existen para este propósito.

Las técnicas: La práctica de la meditación ya ha sido explicada con suficiente detalle. No obstante, conviene subrayar de nuevo la importancia de la utilización de las anclas apropiadas para la práctica. De los cuatro elementos de la meditación, los tres primeros —un ambiente tranquilo, una actitud pasiva y sentarse con una postura cómoda— son comunes a muchos otros enfoques. Es el cuarto elemento, las anclas sobre las cuales los meditadores deben centrar su atención, lo que diferencia de manera sustancial la meditación de atención total de las otras modalidades.

La aplicación de las anclas apropiadas es fundamental para el desarrollo de la habilidad para permanecer atentos. Durante las prácticas iniciales, la atención debe sostenerse en la respiración o en las sensaciones corporales. Mientras que la atención a la respiración es inequívoca —todos respiramos de la misma manera—, la observación de las sensaciones ofrece diversas alternativas, que son todas aceptables para la práctica. Tres enfoques comunes son:

1. La observación se dirige a las sensaciones tal como surgen y se desvanecen a lo largo del cuerpo.
2. La atención puede enfocarse en las sensaciones en un punto específico del cuerpo.
3. La atención puede rotarse alrededor del cuerpo, notando la clase de sensaciones que se perciben en cada punto (agradables, desagradables o neutras, desde una perspectiva; claras o sutiles, desde otra), o la ausencia de sensaciones (cuando esto ocurre).

Las anclas y las técnicas descritas constituyen la totalidad de lo que se requiere para comenzar a meditar. Tales guías son suficientes para realizar a cabalidad la *actividad* de meditar. *Inactividad*, sin embargo, quizá sería una palabra más apropiada para enfatizar lo que hay que dejar de hacer. Aunque los principiantes pueden sentirse atraídos hacia otras anclas asociadas con el cuerpo o las sensaciones [78], es importante que restrinjan las alternativas a las sugeridas para que las instrucciones sigan siendo sencillas e inequívocas.

El énfasis en la brevedad de la lista es aún mayor si se quisieran considerar otros tipos de anclas. Deben excluirse siempre los dispositivos o trucos de meditación ajenos al cuerpo o a las sensaciones. Específicamente, los meditadores de atención total deben abstenerse de utilizar mantras, cánticos, músicas de fondo, fragancias, oraciones, rosarios, figuras, imágenes geométricas o cualquier otro elemento de contenido religioso, sobrenatural, paranormal, mitológico, mágico o supuestamente generador o inducidor de poderes mentales.

---

78 **Anclas corporales que deben evitarse**: La meditación debe ser tan sencilla como sea posible. Aunque la recomendación que sigue es para todo meditador, los principiantes deben evitar experimentar con anclas tales como otras partes del cuerpo (el ombligo o el área entre las cejas), otras funciones corporales (los latidos del corazón o los movimientos del vientre, hacia afuera en las inhalaciones y hacia adentro en las exhalaciones), u otras sensaciones (la sensación del aire que pasa por la garganta).

Escuelas e instructores: Las técnicas de meditación de los párrafos anteriores ya habían sido cubiertas en capítulos previos. La razón para repasar ahora el tema, además de enfatizarlas una vez más, es simple: los cuatro elementos de la meditación de atención total proporcionan los mejores criterios para apoyar a los nuevos aspirantes en su búsqueda y selección, tanto de las escuelas como de los instructores que han de guiar su aprendizaje. Si el interés de los estudiantes novatos es la meditación de atención total, la técnica que la escuela y el instructor enseñen tiene que incluir los cuatro elementos básicos: ambiente, actitud pasiva, postura cómoda sentada y anclas alrededor del cuerpo o las sensaciones.

Esta *exigencia* abre espacio para algunas recomendaciones adicionales. Para empezar, los estudiantes deben comenzar sus prácticas iniciales con el apoyo de profesores que sean meditadores experimentados. La meditación no es un programa de duración fija como los cursos que se estudian en una institución educativa; la meditación es una actividad continua para el resto de la vida. La aproximación con la cual se comienza la práctica tendrá influencia notable en la dedicación y perseverancia futuras; es vital, por lo tanto, comenzar con el pie derecho.

Los factores claves en la selección de las escuelas y los instructores de meditación deben ser la transmisión de la sabiduría, la virtud y la disciplina del camino de la atención total, como fueron presentadas en los capítulos 9 y 10. Un libro como este, por supuesto, ayuda. Finalmente, la atención total se convertirá en un hábito diario de la vida. Aunque como es obvio, tanto las escuelas como los instructores requieren de ingresos para su supervivencia, que hacen obligatoria la facturación de sus servicios de enseñanza, idealmente la utilidad financiera no puede ser el

---

Estos ejemplos, que no se usan frecuentemente, aparecen en las instrucciones de otras técnicas de meditación. Si los meditadores experimentados encuentran que estos u otros enfoques están mejorando su facultad de atención, podrían aplicarlos, siempre y cuando su práctica no involucre o desarrolle ningún tipo de apego.

énfasis primario de la escuela ni el propósito central del trabajo del instructor. En teoría, así debería ser en cualquier actividad
comercial[79].

"El servicio es nuestra razón de existir" es un lema común de
muchos negocios, al menos en su publicidad. Sin embargo, el entrenamiento en meditación es una clase tan especial de servicio,
que, idealmente, debería estar más allá de las consideraciones uti-
litarias. Es obvio que así no puede ser, aunque siempre existirán
organizaciones muy especiales o instructores excepcionalmente
idealistas.

Hay precauciones aún más importantes que las estrictamente financieras. Los aprendices de meditación tienen que tener en
cuenta la vulnerabilidad y los riesgos que provienen de los estados
mentales alterados o inesperados que comúnmente acompañan a
la meditación. En consecuencia, los interesados deben hacer muy
bien la tarea previa de identificar instructores honestos. Las guías
para llevar a cabo esta tarea son las mismas direcciones de sentido
común que se aplican en la búsqueda de cualquier servicio: identificar las alternativas disponibles, entrevistar a los *proveedores* potenciales, y obtener referencias de la experiencia de otros *clientes*.

---

79 **Centros de Meditación Vipassana**: Los Centros de Meditación Vipassana estable-
cen un ejemplo sobresaliente de desinterés total en sus programas de capacitación.
Estos centros son organizaciones que ofrecen cursos de meditación Vipassana, de la
forma como los presenta S. N. Goenka y sus profesores "graduados en el método".
Vipassana es una técnica de meditación de atención total en la tradición de Sayagyi U
Ba Khin, un maestro notable de Birmania (hoy Myanmar). S. N. Goenka (1924-2013),
nacido en Myanmar y de ascendencia india, aprendió la técnica Vipassana directamente de Sayagyi U Ba Khin. Después de profundizar con dedicación extraordinaria,
S. N. Goenka dirigió la creación de más de cien Centros de Meditación Vipassana en
todo el mundo. Los programas de formación en estos centros son gratuitos, tanto
para el curso como para el alojamiento durante los retiros. Todos los Centros de Meditación Vipassana están sostenidos a través de las donaciones voluntarias de personas que quieren contribuir a futuros cursos y por el trabajo voluntario de todos los
profesores y del grupo de ayudantes en los cursos en sí, trabajando como personal de
apoyo en el alojamiento. No hay cargo alguno ni por los cursos ni por el alojamiento.
Las donaciones hechas por personas al final de cada retiro se destinan a pagar los
gastos de futuros estudiantes.

¿Cómo se evalúa una escuela o un instructor? Hay un parámetro sencillo aunque, por supuesto, no único: ambos —escuela e instructor— deben apuntar hacia la independencia futura de los estudiantes, a convertirlos finalmente en meditadores autosuficientes, dentro de un plazo prudencialmente corto, más de meses que de años. En otras palabras, la fidelidad permanente de los estudiantes no debe ser parte de los objetivos de la escuela o del instructor. La liberación de las clases permanentes debe ir paralela, por decirlo así, a la liberación del sufrimiento. Las escuelas y los instructores deber impulsar a sus estudiantes para que *vuelen solos*, tan pronto como sea posible, a fin de que mediten por su cuenta, todos los días, dondequiera que se encuentren.

A pesar de lo anterior, la principal responsabilidad por alcanzar la independencia se encuentra en los hombros de cada estudiante. Los aprendices tienen que aspirar a meditar por sí mismos lo antes posible. La duración de este periodo de *inducción* depende mucho de su perseverancia. La alta frecuencia exigida por la práctica de la meditación hace extremadamente impráctica (y poco económica) su continuación en un sitio diferente a la casa.

Frecuencia y duración: Dos de las preguntas más comunes que los principiantes plantean alrededor de la meditación son la frecuencia de la práctica y la duración de cada sesión. ¿Por cuánto tiempo y con qué frecuencia se debe meditar? Hay dos maneras de responder que parecen ambas evasivas. Según la primera, cada sesión debe durar tanto como se pueda —cuanto más larga mejor—, y la frecuencia también debe ser la mayor posible. Esto suena demasiado vago y también demasiado desafiante: "¿Cuatro horas al día?". Obviamente, el significado de *posible* depende mucho de las prioridades de cada individuo y es diferente para cada persona. El énfasis es obvio: para el futuro meditador, la meditación tiene que convertirse en una actividad de máxima prioridad y, más aún, en un proyecto clave de vida.

La segunda respuesta devuelve la pelota al interesado. Cuantos más deseos desordenados, más aversiones y más opiniones sesgadas tenga alguien, y cuanto más dispersa y volátil sea su mente, con mayor frecuencia y durante más tiempo debe meditar. Cada individuo debe hacer una evaluación de la magnitud de su ansiedad y de su estrés: mientras más *infectada* esté su mente de condicionamientos mentales perjudiciales, mayor es la dosis de *antibióticos meditativos* que el ansioso-estresado necesita. Tanto el *diagnóstico* como la *receta* dependen de las personas directamente afectadas; nadie puede responder ni decidir por ellas.

Más allá de las respuestas anteriores, este libro se abstiene de recomendar duraciones y frecuencias específicas. Cada escuela de meditación, de atención total o de cualquier otra variedad, ofrece directrices para el tiempo de cada sesión, que puede oscilar entre treinta y sesenta minutos. El acuerdo es mayor para la frecuencia: debe ser diaria y dos veces por día, idealmente.

¿Es difícil este nivel de dedicación? Sí. ¿Exige mucha determinación? Sin duda alguna. Por cierto, es necesario cuidarse de las escuelas y de los maestros que ofrecen resultados extraordinarios con tan solo unos pocos minutos de práctica por día.

¿Encuentra usted difíciles de aplicar los niveles sugeridos de dedicación? ¡Ánimo! La determinación es definitiva en SU proyecto de meditación…Y en cualquier proyecto de vida. Solamente personas especiales necesitan poca o ninguna meditación.

Retiros y grupos: Cualquier acción que contribuya a reforzar la determinación debe ejecutarse. La asistencia a retiros y la asociación con grupos de meditadores regulares resultan útiles y eficaces en esta dirección[80]. Ambas son líneas de acción comunes para *impregnarse* y *empaparse* de meditación y atención total, y estimulan el intercambio de información sobre estos temas con otros practicantes que pueden tener inquietudes similares.

---

80 **Grupos de meditación**: Los practicantes de la meditación, como este autor interpreta lo que los budistas denominan las "tres joyas", deberían acceder a tres refugios; los grupos de meditación, el tercero, es uno de ellos. Los tres refugios son: 1) refugio en el ser esencial (la naturaleza del Buda y la posibilidad de alcanzar la "consciencia pura"),

El simple hecho de darnos cuenta de que las dudas asociadas con la meditación no son solo nuestras resulta reconfortante. La asistencia a retiros de entrenamiento como paso inicial para aprender a meditar es un enfoque que los nuevos estudiantes siempre deben considerar. Ocurre con frecuencia que en un retiro de varios días, algunos estudiantes alcanzan a percibir beneficios tangibles de la atención total.

La importancia asignada a la práctica por cuenta individual no entra en conflicto con la posibilidad de formar parte de grupos que se reúnen periódicamente para meditar. No es necesario elaborar más sobre estas recomendaciones que son obvias y que se justifican por sí mismas.

Para ambos enfoques, sin embargo, es necesario hacer una advertencia: no debe acudirse a retiros ni buscar contactos con devotos de sectas o cultos. Hay que evitar cualquier afiliación a grupos que pretendan sembrar opiniones sesgadas o fanatismos en sus integrantes. Tales adhesiones, en vez de liberar del sufrimiento, terminan incrementándolo.

Las alternativas

La práctica de la meditación favorece el hábito de la atención total. La meditación realmente ejercita el cerebro, y más específicamente la corteza prefrontal, para concentrar la atención y permanecer atento por periodos cada vez más largos. En el paso siguiente, el hábito de la atención total reduce el sufrimiento y finalmente lleva a su eliminación. Conectando las dos premisas, la práctica continua de la meditación abre la puerta y finalmente conduce a la cesación de la ansiedad y el estrés.

---

2) refugio en las enseñanzas del Buda (el *Dhamma,* la ley natural), y 3) refugio en un grupo de meditación (la comunidad). "Comunidad" se refiere a un círculo de amigos, para los meditadores laicos, o a una comunidad de monjes, para aquellos que optan por una vida enclaustrada).

Dos preguntas obvias surgen: ¿es la meditación de atención total la única técnica que fortalece la facultad de la atención? ¿Es la atención total el único camino hacia la liberación del sufrimiento? Con algunas aclaraciones, la respuesta a ambas preguntas es negativa, lo cual, en consecuencia, implica un nuevo interrogante: ¿cuáles son las otras opciones?

Alternativas a la meditación: Comencemos con las alternativas a la meditación de atención total. En el sentido más amplio, y de la misma forma como el levantamiento de pesas en sus diferentes modalidades prepara a las personas para todo tipo de tareas exigentes de fuerza, un amplio conjunto de técnicas de concentración mental debe contribuir al desarrollo de la atención cuidadosa a la gran variedad de eventos y pensamientos que inundan la mente en todo momento.

Diversos estudios sugieren que la meditación de atención total mejora la habilidad de concentración y, por ende, la atención total. Cualquier persona que haya aplicado con éxito otras técnicas de focalización podría también expresar que *su* método igualmente favorece la atención total. De hecho, son comunes los anuncios comerciales de diversos enfoques exitosos en esta dirección.

Desde el punto de vista pragmático que pregona este libro, verdad es lo que produce resultados. Por lo tanto, el efecto de la meditación de atención total para cualquier persona solo se convierte en *su verdad* cuando ella misma experimenta directamente los beneficios de la técnica.

Casi todas las personas, cuando comienzan cualquier programa de crecimiento personal o se inician en ejercicios mentales y físicos (como yoga, taichí, meditación trascendental…) tienen o se crean expectativas altas de beneficios a corto plazo; lo que aspiran conseguir lo quieren pronto. Los resultados comúnmente esperados incluyen logros como reducción del estrés, mejoras en la salud o incrementos en la efectividad personal. El objetivo final de la meditación de atención total es la eliminación del sufrimiento, que rara vez ocurre de una semana a la siguiente, sin embargo muchos practicantes comienzan con expectativas a corto plazo. Tales afanes no son prudentes. Incluso, idealmente, no debería haber expectativa alguna.

Cualquier cosa que hagamos para mejorar la concentración es un paso en la dirección correcta hacia la reducción de la ansiedad y el estrés. Hay un cierto punto común entre la meditación de atención total y las otras prácticas referidas. De hecho, muchos aprendices con experiencia en tales técnicas de concentración generalmente se ajustan más fácil a las demandas iniciales de la meditación de atención total.

Para resumir, existen alternativas tanto para mejorar las habilidades de concentración como para obtener otros beneficios a corto plazo. Este libro no apoya ni rechaza ninguno de tales métodos pero sí recomienda categóricamente la meditación de atención total como una técnica eficaz y confiable para fortalecer la facultad de concentración. Una vez más, las razones detrás de tal énfasis son: 1) la simplicidad y la sencillez de las anclas por utilizar, y 2) la independencia absoluta de cualquier doctrina o secta.

Si algo funciona para alguien, debe seguir haciéndolo. Cualquier práctica (cualquier sistema o terapia) que conduzca a los resultados deseados, sin encadenar al practicante a ninguna secta, culto, maestro u obligación financiera, es valiosa.

Alternativas a la atención total: Si bien la meditación es un ejercicio que debemos practicar tanto como sea posible, la atención total es un hábito permanente; idealmente deberíamos permanecer alerta todo el tiempo que estemos despiertos. Meditar es similar a practicar deportes o asistir a conciertos, en cuanto a que dedicamos periodos específicos para tales actividades. Es decir, interrumpimos todo lo demás para meditar, jugar fútbol o disfrutar un espectáculo en vivo.

Podría haber variantes a las técnicas para mejorar la facultad de atención, pero no existe un estado equivalente a la atención total: o estamos completamente atentos, conscientes, vigilantes... o estamos distraídos, inconscientes, descuidados.

Recomendaciones inútiles

Los beneficios de la meditación y de la atención total han sido discutidos ampliamente. Cualesquiera que sean los provechos reales, no es posible determinar si un hábito, el otro, o ambos, son la fuente real del progreso materializado. El sujeto mismo —el meditador, el vigilante atento— percibe su propia evolución que, con frecuencia, es también visible a terceros. En muchos momentos, idealmente siempre, la persona está completamente "consciente de su vida a medida que se desenvuelve". ¿Es este resultado sobresaliente el producto de la atención total? No realmente. Tal beneficio es la atención total misma.

Describir la experiencia de la atención total es difícil; solo quienes allí se encuentran tienen una noción clara de lo que significa. Para transmitir una idea direccional, la lista siguiente contiene ejemplos de las posibles vivencias de alguien totalmente atento:

1. No hay resentimientos ni odios.
2. Más que perdón, hay olvido… memoria borrada de maltratos, ofensas o insultos.
3. La calma y la ecuanimidad son permanentes.
4. La noción de tiempo pierde importancia.
5. Los logros se obtienen con un *mínimo* esfuerzo.
6. Casi todo parece funcionar bien.
7. En una sola frase, no hay segundas flechas punzantes y permanentes.

Como estos comportamientos son evidentes, asignamos adjetivos positivos a aquellos individuos que exhiben tales cualidades: sensibles, compasivos, comprensivos, tranquilos, equilibrados, tolerantes, auténticos… Entonces, si alguien quisiera llegar a ser sensible, compasivo, comprensivo… ¿qué debe hacer? Los programas de televisión, las crónicas de radio, las revistas de psicología y de crecimiento personal, los consejeros espirituales de las iglesias, todos estos asesores, surgidos de la nada, desinteresados unos, codiciosos otros, coinciden en sus respuestas: actúe exactamente como las personas sensibles, compasivas, comprensivas, etc. Siga sus pasos. "El éxito deja huellas", sostienen. ¿Correcto? ¡No!

A quienes ven televisión, escuchan radio, leen revistas y asisten a iglesias les encanta ofrecer consejos similares. Si cometemos el error de mencionarles cualquier dificultad emocional que pudiéramos estar atravesando (tristeza, rabia, resentimiento, antipatía…) o dejamos saltar el mal genio enfrente de ellos, se transforman en versados terapeutas de comportamiento que, de inmediato, recitan el mejor intencionado consejo que leyeron o escucharon la semana anterior. Sus sugerencias son, por supuesto, las más inútiles e inoperantes que podrían ocurrírsele a alguien. Veremos breves comentarios sobre algunas de estas recomendaciones frecuentes, orientadas a materializar un resultado que la atención total produce espontáneamente.

¡Perdone! ¡Olvide! Las ofensas que debemos perdonar y los acontecimientos que debemos olvidar son malos recuerdos que involucran aversiones a cosas o acontecimientos, reales o imaginarios. La atención total detendrá las reacciones negativas automáticas cada vez que surjan los malos recuerdos. El perdón y el olvido no provienen de circuitos excitadores neuronales que han de apagarse, sino de circuitos inhibidores que deben encenderse para detener la aparición de los malos recuerdos. No podemos tomar la decisión y ejecutar la acción para perdonar u olvidar de la misma forma que escogemos un restaurante para luego ir allí a cenar.

¡Cálmese! ¡Serénese! La calma y la serenidad provienen de la quietud mental. No le ordenamos al cerebro que se calle. Para calmarse y mantener la serenidad, es necesario detener las formaciones condicionadas ruidosas que nos están perturbando. Hay que apagar los altavoces, no pedirles que se silencien.

¡Viva el presente! El cerebro no percibe el tiempo, el cerebro lo construye de la misma forma que crea el sentido de identidad.

A medida que la atención total reduce el ego redundante, la dependencia del tiempo pierde poder. Mi presente son los movimientos y las posturas del cuerpo, las sensaciones que se perciben y los estados mentales que se experimentan. Cuando hay atención total, el ser esencial está al mando. Vivir en el tiempo presente es un resultado, no una intención.

¡Sea espontáneo! ¡Fluya con la vida! No es posible ser espontáneo cuando se actúa desde el ego redundante. Cuando este se encuentra al mando, los deseos desordenados, las aversiones y las opiniones sesgadas nos manejan y toman todas las decisiones. El ego redundante distorsiona lo que, de otro modo, sería un comportamiento natural y espontáneo. Solo es posible ser espontáneos cuando todas las acciones provienen del ser esencial, esto es, de un sentido de identidad descontaminado de condicionamientos mentales dañinos. Desde el ser esencial la vida realmente fluye. Es imposible ser espontáneo a propósito.

¡Acepta las cosas como son! Lo que aleja a una persona de la aceptación del mundo y su realidad son los deseos intensos, tanto de lo que hace falta como de lo que ya se posee y se quiere tener más, y las aversiones a lo que le rodea. La aceptación es la ausencia de deseos intensos y de aversiones. A medida que la atención total pone a raya las formaciones condicionadas, la aceptación se torna espontánea. No es posible aceptar algo que las formaciones condicionadas perjudiciales están rechazando.

La crítica anterior no quiere decir que siempre debemos rechazar los consejos que alguien podría sugerir con las mejores intenciones; tales recomendaciones bien podrían generar entusiasmo y abrir canales para la comunicación y la autoobservación, lo cual podría resultar positivo. Cuando sonreímos, siempre nos sentiremos mejor que estando con el ceño fruncido. Sin embargo, las recomendaciones de aliento y estímulo o los sermones motivacionales no son, no pueden ser, alternativas a la meditación o la atención total. Los consejos y las arengas tienen diferentes propósitos.

Capítulo 15
Consciencia pura

Rindiéndose a la experiencia

La aproximación a la meditación, como se ha mencionado, debe carecer de toda expectativa. Esta sección y la siguiente podrían generar ambiciones inquietantes con riesgos a frustraciones o confusiones. Por esta razón, el contenido de este capítulo se ha puesto finalizando este libro. Es recomendable que quienes nunca han meditado o lo han hecho con poca dedicación, se salten inicialmente estas dos secciones. Quienes decidan ahora seguir con la lectura, deben —tienen que— dejar a un lado cualquier tipo de deseo o expectativa personal que pueda surgir alrededor de su práctica meditativa.

Cuando alguien inicia una sesión de meditación, la persona comienza a menudo con una mente agitada, regada por una variedad de estímulos externos e internos, muchos de ellos no deseados o desapercibidos. Con diferentes grados de intensidad, los cinco obstáculos a la atención total (codicia, hostilidad, pereza, inquietud y duda) a menudo están presentes, debilitando —cuando no acabando— con la intención de meditar.

Por el solo hecho de programar una sesión y sentarse a meditar, el aprendiz ya está dejando de lado la pereza y la duda. Al favorecer el aislamiento físico —lugar tranquilo, ojos cerrados, actitud pasiva, postura cómoda— el meditador está suprimiendo o al menos disminuyendo los estímulos externos. A través del aislamiento mental —atención focalizada en la respiración o en las sensaciones—, el meditador les cierra espacio a los pensamientos de avaricia, hostilidad o desasosiego.

Esto es en esencia todo lo que los estudiantes necesitan hacer de manera continua para alcanzar el nivel 0 (presentado en el capítulo 7) y convertirse en meditadores habituales. Durante sus prácticas y por el resto de su vida, un meditador puede permanecer en nivel 0, el estado mental que cualquier estudiante con cierta perseverancia puede alcanzar. Dicho nivel, razonablemente sencillo de alcanzar con la determinación adecuada, es meditación de atención total —real, efectiva y funcional—. Tales acciones —sentarse, aislarse, focalizarse— toman solo minutos, si no segundos. A partir de aquí, el meditador también debe sostener su atención en el ancla de su elección, a la que ha de regresar cuantas veces sean necesarias, si su mente se va para otra parte. Para que estas sencillas acciones ocurran, el meditador ejerce iniciativa al respecto y actúa como sujeto activo.

¿Sigue algo después? La respuesta es *no* y *sí*. Es negativa porque enfocar la atención en el ancla de turno, sostenerla allí, y retornarla a la misma cuando surja cualquier distracción es la tarea completa y la totalidad de lo que hay por hacer. La respuesta también es positiva debido a las cosas que, con perseverancia, el meditador puede comenzar a experimentar después de algún tiempo. Algún tiempo puede significar unos minutos desde el comienzo de la sesión o unos días, semanas, meses o años de meditación regular. Estas cosas, estos nuevos acontecimientos, convierten en totalmente pasivo el rol de observador *activo* que el practicante ha ejercido hasta entonces y lo transforman en observador indiferente de la experiencia de cada instante, a la que se entrega, sin resistencia alguna.

Flujo de sensaciones

Cuando el estudiante es constante y persistente con su meditación y permanece en el nivel 0 en cada sesión, es decir, fija su atención en las anclas seleccionadas, repetida y consistentemente, su práctica conduce a nuevas experiencias más sutiles. ¿Cuáles son estas nuevas experiencias?

Sin seguir ahora ninguna técnica específica, algunos pocos meditadores dedicados pueden alcanzar niveles o estados meditativos más profundos. Durante tales estados, el practicante percibe cada vez más sensaciones tenues, generalmente agradables, ya sea en partes aisladas del cuerpo o como un flujo que lo recorre sin secuencia alguna. Luego, entra en estados mentales especiales, difíciles de describir. Tanto las sensaciones agradables aisladas como el flujo natural de ellas ocurren espontáneamente: no hay instrucciones específicas para buscarlas. El Buda habla de cuatro absorciones, cuatro niveles de estados meditativos.

Una recomendación imperativa e incondicional: jamás el meditador, en ninguna circunstancia, debe perseguir tales absorciones, ni tampoco preocuparse por el nivel en el cual está ingresando, o si entra en o pasa por cualquiera de estos estados. Para evitar la posible frustración o confusión mencionada en el párrafo inicial de este capítulo, es oportuno revisar la definición dada en el capítulo 6.

La meditación de atención total es un ejercicio mental durante el cual el practicante, con los ojos cerrados suavemente, en un ambiente tranquilo, se sienta en una posición cómoda, adopta una actitud pasiva y centra la atención en ciertos dispositivos con el fin de ejercitar y mejorar su habilidad —su facultad— de atención. El nivel 0 es meditación de atención total y allí puede quedarse por el resto de sus días. El nivel 0 es suficiente para la materialización espontánea de los beneficios de la meditación. Absolutamente nada, ni siquiera los alicientes de la meditación o los cuatro niveles de absorción, deben buscarse o desearse.

Dada la singularidad y la naturaleza muy personal de estas absorciones, cada meditador describiría su experiencia de forma diferente. El Buda explica las cuatro absorciones de la siguiente manera[81] (ver también *Meditación más allá de las anclas* al final del apéndice 2).

---

81 **Los estados meditativos o absorciones**: La descripción de los cuatro estados meditativos, de tan solo unas 200 palabras, aparece, con diferentes niveles de detalle, en varios de los discursos del Buda (por ejemplo, *Digha Nikaya 22: Mahasatipatthana Sutta: The Great Foundations of Mindfulness*). La narrativa es, en general, muy abstracta. Además, existen varias traducciones de cada discurso y numerosas interpretaciones proporcionadas por autores que desconocen el idioma pali (como este autor).

Alegría: Cuando permite que la avaricia, la hostilidad, la pereza, el desasosiego y la duda se alejen, el meditador comienza a percibir sensaciones sutiles y agradables. Cuando mueve la atención por todo su cuerpo, las sensaciones también se desplazan. Al ocurrir esto, el meditador ingresa en el primer estado meditativo, un estado de alegría sutil pero real.

Calma física y mental: Mientras el meditador está consciente de la nueva experiencia sensorial, el flujo de sensaciones agradables, antes dirigido, se vuelve ahora espontáneo. El meditador experimenta alegría, libre de la atención dirigida, y entra en un segundo estado meditativo, un estado de calma física y mental. Consciente de este estado, el meditador está atento al flujo de sensaciones, dondequiera que estas ocurran en el cuerpo, sin intención alguna de analizarlas o calificarlas.

Ecuanimidad: Cuando el meditador —atento y abierto a la experiencia completa— permanece consciente de la amplia variedad de sensaciones que está percibiendo y se torna indiferente a la alegría que está experimentando, entra en un tercer estado, un estado de ecuanimidad y calma imparcial, y permanece completamente atento y lúcido de esta ecuanimidad.

Consciencia pura: Cuando permanece atento y neutral con respecto a cualquier sensación o estado mental, sin juicio alguno sobre agrado o desagrado, y vigilante del alcance total de su actividad mental, el meditador entra en un cuarto estado, un estado aún más profundo de consciencia pura. El meditador es consciente del silencio mental y la consciencia está abierta a la experiencia.

Las diferencias entre las distintas traducciones e interpretaciones, sumadas a la naturaleza subjetiva de todas las experiencias mentales, hacen imposible una comprensión inequívoca de los cuatro estados meditativos. Los meditadores no deben intentar seguir la interpretación de este libro o de cualquier otro texto. A medida que se gana experiencia en la meditación, sin embargo, los estados meditativos tendrán progresivamente más claridad y significado para cada estudiante.

Cada sensación y cada percepción son frescas y nuevas, y no se comparan con ninguna experiencia previa.

Los párrafos anteriores merecen (y necesitan) varios comentarios. En primer lugar, la narración anterior no debe interpretarse al pie de la letra [82]. Las explicaciones de las absorciones son direccionales y no corresponden a metas claras a las que hay que llegar; la descripción de cualquier estado mental siempre es elusiva y vaga, cuando no inexacta o engañosa.

En segundo lugar, una consecuencia del primer punto no debe perseguirse o intentar imitar algo que no es claro. Por atractivas que parezcan la alegría, la calma, la ecuanimidad o la consciencia pura, nadie debe sentarse a meditar esperando alcanzarlas. No obstante, si bien no debe haber esfuerzo alguno para buscar las absorciones descritas, sí es apenas razonable darles la bienvenida y disfrutar de la experiencia cuando aparecen. No hay delimitaciones definidas y claras entre un estado y el siguiente, y cada meditador podría percibirlos de manera diferente. Debemos considerar a la consciencia pura, el más profundo de los cuatro niveles, como un estado ideal, que finalmente se manifestará sin que lo hayamos perseguido.

En tercer lugar, los meditadores aprenderán que con dedicación y tiempo su mente se volverá progresivamente más tranquila y su consciencia, más aguda. Una vez más, la experiencia de la meditación de atención total es muy personal. Independientemente de los estados meditativos a los cuales un meditador ingrese y sin importar las denominaciones escogidas para referirse a ellos, cuando las distracciones aparecen (y así sucederá, aunque cada vez con menos frecuencia), los practicantes regresan al nivel 0 y comienzan a trabajar nuevamente con sus anclas.

---

82 **Otra perspectiva sobre los cuatro niveles meditativos**: La siguiente interpretación del mismo texto es de un filósofo occidental y confirma el grado de abstracción del tema y se incluye con el riesgo de agregar confusión. El historiador rumano de las religiones Mircea Eliade, un erudito autorizado de las religiones de la India, define los cuatro estados meditativos como sigue: "1) purificar la mente de los obstáculos, o sea, aislarla de agentes externos y obtener una autonomía inicial de consciencia,

En cuarto lugar, como el meditador utiliza las partes del cuerpo como anclas *móviles* en el nivel de alegría —el inicial—, las sensaciones agradables siguen la atención; esto es, se mueven con ella. En el segundo nivel de calma física y mental, el meditador —ya libre de la atención dirigida— detiene el uso de anclas y su atención se mueve sin intención o plan particular hacia las partes del cuerpo donde está experimentando sensaciones agradables; en este caso, la atención sigue espontáneamente a las sensaciones.

Por último, el meditador no debe tratar de duplicar en su práctica lo que esta sección o un texto similar cubren —una repetición con énfasis intencional—; tal intención solo conduciría a confusión, frustración y, en el peor de los casos, a renunciar a la meditación. Con simpleza, el solo acto de permanecer en el nivel 0 mejorará la facultad de atención.

¿Hay diferentes clases de meditación de atención total?

Existen diversas técnicas para centrar la atención en anclas fijas (la respiración, un punto en el cuerpo o una sensación específica) o para rotar la atención alrededor de anclas *móviles* (las diferentes partes del cuerpo o las diferentes sensaciones allí percibidas). Al inicio de la práctica, siempre resultan útiles para el aprendiz las direcciones de un instructor, ya sean en vivo o grabadas. Algunos practicantes, incluso, prefieren continuar con las instrucciones verbales por muchos meses. A medida que gana experiencia y confianza, sin embargo, el practicante *aventajado* simplemente se sienta a meditar sin *acompañamiento y sin plan o expectativa algunos. Cada sesión es como un viaje entre dos puntos que el meditador camina por un sendero diferente cada vez.

---

2) suprimir las funciones dialécticas de la mente, obtener concentración y dominio perfectos de una consciencia rarificada, 3) suspender todas las relaciones con el mundo sensible y con la memoria, y obtener una lucidez plácida sin otro contenido que la consciencia de existir, y 4) reintegrar los opuestos y alcanzar el éxtasis de la consciencia pura". Eliade, Mircea. *Yoga: Immortality and Freedom*. Nueva York, NY: Bollingen Foundation Inc., 1958.

Además, desde una perspectiva diferente, el enfoque de la atención sobre las anclas (en el nivel 0) y la *rendición* sin análisis alguno al flujo de sensaciones sutiles cuando este espontáneamente comienza (niveles 1 al 4) no constituyen dos formas diferentes de meditar; ellas son como dos partes de un mismo todo[83]. Los meditadores más experimentados bien saben que cada sesión de cierta forma es diferente y ellos no siguen un plan para lo que va a suceder: En algunas oportunidades el flujo de sensaciones puede aparecer desde el comienzo de la práctica y en otras no ocurrir ni siquiera una sola vez.

En el nivel 0, la mayoría de los estudiantes ejercitan la atención mediante el uso de anclas con la clara intención de excluir las distracciones y los pensamientos innecesarios. En los niveles 1 al 4, se olvidan de las anclas y abren los *ojos interiores* para estar atentos a todo lo que está sucediendo en su cuerpo y su mente. A medida que se progresa en estos niveles, la *atención* se torna cada vez más *pasiva* y natural.

¿Qué sucede con la actividad cerebral en los distintos niveles? La frecuencia de la actividad cerebral de los estudiantes en el nivel 0 de meditación oscila entre ocho y doce ciclos por segundo. El término médico utilizado para referirse a esta frecuencia es *ritmo alfa*. A medida que los meditadores entran en los niveles más profundos de la práctica (niveles 1 al 4), la actividad cerebral baja hasta el denominado *ritmo theta*, durante el cual la frecuencia se localiza entre cuatro y siete ciclos por segundo.

El meditador itera hacia delante y hacia atrás entre las dos etapas, *moviéndose* a propósito hacia la primera etapa (nivel 0) cuando se da cuenta de que está desenfocado. El desplazamiento a la

---

83 **Dos etapas de la meditación de atención total**: Los hábitos séptimo y octavo del camino óctuple —la atención total y la meditación de atención total—, sugieren dos formas diferentes de meditación. Tal diferenciación está incluida en el libro anterior de este autor en español *Hacia el Buda desde Occidente*. Esta separación parece innecesaria. A medida que los meditadores adquieren experiencia en su práctica, experimentarán que, a pesar de estas dos etapas bien definidas y la variedad de instrucciones de meditación, la meditación es un solo todo.

segunda etapa (niveles 1 al 4) es espontáneo. A medida que gana experiencia, el meditador permanece en los niveles superiores durante periodos ininterrumpidos cada vez más largos.

La meditación es un ejercicio único y multifacético que favorece la atención total y es como un viaje a algún lugar que puede hacerse por varias rutas alternas. La atención total, por su parte, es como un destino final único e idealmente permanente.

Cuerpo inmóvil y mente silenciosa

Meditar con atención total no es controlar el cuerpo sino aquietarlo; tampoco es dominar la mente sino apaciguarla. En el nivel de consciencia pura —la cumbre de la práctica—, la meditación de atención total es el silencio absoluto de la mente. En ese momento, nada contamina ni nada distrae la consciencia. Con la atención en nada, la mente ignora cualquier cosa que pudiera sacarla de su silencio.

Para llegar allí es imprescindible abrir mente y cuerpo a la experiencia meditativa. Cuando el flujo espontáneo de sensaciones sutiles aparece, el meditador abandona las anclas y acude a ellas solo para expulsar cualquier pensamiento o distracción que pudiera perturbar el silencio.

No es posible promover o perseguir la consciencia pura; no hay instrucciones por seguir para llegar allí... solo se observan las sensaciones cuando están presentes y hay consciencia de su ausencia cuando no lo están. Cuando el silencio ocurre, solo hay consciencia de que hay silencio, sin nombrarlo. No hay apego alguno a la experiencia ni órdenes a la mente para que se mantenga callada; aún la palabra *silencio* hace ruido.

No hay descripción posible para la experiencia de la consciencia pura. Si aparece la intención de tomar una *fotografía verbal* de esos instantes, para narrarlos o escribirlos después, el meditador ya no está *allí*. Si se impone la tentación de verbalizarlos, pues entonces se debe dirigir la atención a la respiración. Si hay juicios sobre lo que está pasando, preguntas sobre lo que viene a continuación, pensamientos alrededor de los progresos alcanzados, o "esto es como lo dijo el maestro tal o como lo menciona algún libro", ¿qué debería hacerse? Tantas veces como sea necesario, la atención acudirá a la respiración y el flujo de sensaciones regresará espontáneamente.

No es el meditador quien alcanza la consciencia pura; es la consciencia pura la que llega al meditador cuando este retira los obstáculos y abre de par en par la puerta mental a la experiencia. En algún momento, hay silencio total y la percepción del tiempo se altera. Por esta razón, los meditadores de miles de horas pueden sentarse por periodos interminables y aislarse en retiros durante semanas, dedicaciones estas que resultan imposibles para casi todo el mundo.

Esto es todo lo que este libro se atreve a explicar acerca de la consciencia pura. Para algo tan sutil e indescriptible, las palabras sobran y probablemente ya se dijo demasiado.

La fusión de la meditación y la atención total

Con la práctica continua y persistente de la meditación, suceden tres cosas: 1) meditar se convierte en un hábito fácil y agradable para el cual siempre hay tiempo disponible, 2) el practicante entra en los niveles más profundos de la meditación con regularidad, y 3) la facultad de la atención se fortalece. Estos logros simplemente suceden. Cualquier júbilo por estos progresos es contraproducente; no obstante los avances serán obvios. Por otro lado, las frustraciones también sobran. Si no hay avances, el estudiante simplemente ha de perseverar en su constancia y su determinación.

El desarrollo de la facultad de la atención resultante de la meditación abre nuevas opciones de progreso que se refuerzan entre sí. La aplicación de estas opciones no reemplaza, de ninguna manera, las sesiones diarias de meditación.

Dos circunstancias comunes presentan oportunidades excelentes para ejercitar la atención total. La primera ocurre durante las experiencias pasivas; la segunda se produce en el ejercicio de actividades corrientes, sean personales o en respuesta a demandas externas.

Las experiencias pasivas son aquellos periodos de no hacer nada o hacer poco, durante los cuales —siendo apenas espectadores— no es necesario aplicar conocimientos, habilidades o esfuerzos de concentración. La razón de estar allí es para algo diferente. Escuchar música, pasear, ducharse, esperar por algo o viajar como pasajeros en cualquier vehículo son ejemplos de estas pasividades.

La atención total es (y debe ser) un hábito espontáneo. Sin embargo, si durante estos eventos pasivos enfocamos deliberadamente la atención en el cuerpo, las sensaciones y los estados mentales, y la consciencia está atenta a lo que está sucediendo alrededor, entonces hasta cierto punto hay un ejercicio tanto de meditación como de atención total. En esos momentos es cuando meditación y atención total se fusionan como si fueran un solo acto.

El asunto es diferente cuando se está llevando a cabo alguna tarea que requiere conocimientos, habilidades, herramientas y cuidado. En estas circunstancias el sujeto es activo y la atención está (y debe estar) centrada en lo que se está haciendo. Simultáneamente, hay consciencia de la forma como el cuerpo y el cerebro están ejecutando el trabajo, y de las sensaciones y estados mentales que ocurren durante la ejecución.

En este segundo caso, se podrían extrapolar las pautas de meditación y usar la actividad de turno como una especie de ancla de la práctica: cada vez que la mente se va para otra parte, simplemente la atención se trae de vuelta a la tarea del momento. A pesar de los movimientos físicos o mentales involucrados en esta consciencia activa, es posible pensar que cuando la atención está enfocada en la tarea y en la forma como el cuerpo y el cerebro la están realizando, también ocurre una fusión entre la atención total y esta especie de meditación dinámica.

Las dos situaciones anteriores, que cubren una buena fracción de las actividades durante las horas de vigilia, ilustran la naturaleza meditativa de atención total y la naturaleza consciente de la meditación. La meditación y la atención total están íntimamente conectadas. Esta conexión explica la aparente diferencia de criterios entre dos conocidos sabios orientales, el maestro zen japonés del siglo XIII, Eihei Dōgen, fundador de la escuela Sōtō del Zen, y el filósofo indio J. Krishnamurti, el maestro espiritual moderno citado varias veces a lo largo de este libro.

La práctica Zazen, desarrollada por Dōgen, apunta al apaciguamiento del cuerpo y la mente, a fin de comprender la naturaleza misma de la existencia. Su enfoque es similar en muchos aspectos a la meditación de atención total. Dōgen dice que los estudiantes, para su progreso, no necesitan hacer nada diferente a sentarse a practicar Zazen [84]: "Esto es el ser esencial; la naturaleza de la existencia no debe buscarse en ninguna otra parte".

Krishnamurti representa la otra cara de la moneda [85]. Este filósofo critica las técnicas de concentración, en general, y los ejercicios para centrar la atención en mantras, oraciones o imágenes, en particular. Y añade que, cuando los estudiantes aprenden un truco para aquietar la mente, el truco sustituye el objetivo de la búsqueda (la verdad, el significado de la existencia...) y terminan afiliados a la escuela que patrocina tal técnica.

Explica Krishnamurti: "El comienzo de la atención total [86] (él utiliza palabras como *consciencia* o *vigilancia*. La *atención total* no estaba aún en boga) radica en estar alerta a cada movimiento del pensamiento y de los sentidos, conociendo todas las capas de la

---

84 Dōgen, Wikiquote, http://en.wikiquote.org/wiki/Dōgen, consultado el 8 de agosto de 2012.

85 Krishnamurti, Jiddhu. *The First & Last Freedom*. Nueva York: Harper & Row Publishers, Inc., 1954.

86 **La atención total de Krishnamurti:** Krishnamurti no usa la expresión "atención total". En su lugar, él utiliza la palabra "meditación" en el sentido de atención total. El filósofo denigra de todas las técnicas de concentración mental, sobre todo si trabajan con dispositivos artificiales como oraciones, mantras o figuras. Para evitar confusiones y hacer un paralelo comprensible, las citas de Krishnamurti se modifican siguiendo las definiciones de este libro.

consciencia". Para Krishnamurti, la vigilancia continua es todo[87]: "La atención total es un estado mental que observa cuidadosa y detalladamente el conjunto completo, en vez de las fracciones de lo percibido. Cuando aprendemos de nosotros mismos, cuando nos observamos, vemos la manera de caminar, cómo comemos, lo que decimos, el chisme, el odio, los celos. Si estamos conscientes de todo lo que sucede en nosotros mismos, eso es atención total".

Resaltando la determinación, Dōgen afirma que practicando Zazen persistentemente, estaremos siempre atentos, sin esfuerzo alguno. Enfatizando la autoobservación, Krishnamurti sugiere la necesidad de permanecer atentos al cuerpo, a las sensaciones y a los estados mentales, de forma natural; las técnicas artificiales serían inútiles, cuando no perjudiciales. No existe contradicción entre los dos puntos de vista: la meditación y la atención total van juntas; ellas ni se excluyen ni van en direcciones opuestas.

Parafraseando un inspirado párrafo del educador inglés L. P. Jacks sobre ocupación y diversión[88], es posible llegar a un enunciado que viene como anillo al dedo para disolver el *desacuerdo*: los maestros en el arte de vivir no hacen distinción alguna entre meditación y atención total. Ellos apenas saben cuál es cuál y simplemente siguen el camino hacia la armonía interior a través de todo lo que están haciendo, dejando a otros el juicio de si están ejerciendo atención total o meditando con los ojos abiertos. Para sí mismos, ellos siempre están haciendo ambas cosas.

---

87 Krishnamurti, Jiddhu. *Freedom from the Known.* Lutyens, Mary, editor. Nueva York: Harper Collins Publishers, 1975.

88 **La cita original sobre un maestro en el arte de vivir**: "Un maestro en el arte de vivir no distingue entre su ocupación y su diversión, su esfuerzo y su ocio, su mente y su cuerpo, su educación y su recreación. Escasamente distingue cuál es cuál. Él simplemente persigue su visión de la excelencia a través de lo que está haciendo y deja a criterio de los otros la opinión de si está trabajando o está jugando. Para él siempre parece estar haciendo ambas cosas y le basta con saber que lo está haciendo bien". Lawrence Pearsall Jacks: *Education through Recreation: Quote Investigator, Dedicated to Tracing Quotations.* http://quoteinvestigator.com/2010/08/27/master, consultado el 27 de agosto de 2012.

Dos aspectos deben recalcarse. En primer lugar, tales maestros del arte de vivir son excepcionales, en cualidades y cantidades. Ellos dan la impresión de haber nacido sabios o de poseer una disciplina notable para abrir su mente a la sabiduría.

En segundo lugar, nosotros, el resto de los mortales, debemos considerar la meditación y la atención total como dos hábitos diferentes. Mientras que la meditación fortalece la capacidad de concentración, la atención total facilita y hace natural la práctica de la meditación. Como propietarios de cabezas estresadas y distraídas, debemos abrir nuestras vidas a la atención total, a través de la determinación que la práctica de la meditación exige.

Los sabios privilegiados no necesitan practicar meditación o aplicar la atención total a fuerza de voluntad; la vida les fluye. Ellos bien poseen *consciencia aguda* de nacimiento o son lo suficientemente disciplinados como para convertirse en vigilantes permanentes con la aproximación de su preferencia. Los individuos excepcionales como Dōgen y Krishnamurti, parece que tuvieran la atención y el autocontrol en sus diseños genéticos.

Capítulo 16
El resultado

Una meta escondida

Es imposible seguir un procedimiento, efectuar un ensamblaje o preparar una receta para producir silencio. No obstante, cuando controlamos las fuentes de los ruidos perturbadores —la música estridente, la gritería, los aparatos ensordecedores—, sin duda alguna, el silencio llega.

Tampoco podemos fabricar armonía interior. Sin embargo, si cortamos las raíces de los ruidos mentales, esto es, si erradicamos las causas de las algarabías disonantes del sufrimiento —los deseos desordenados, las aversiones dañinas, las opiniones sesgadas— la armonía interior florece espontáneamente.

La armonía interior es una especie de meta esquiva hacia la cual no es posible trazar una ruta detallada y certera. La armonía interior es como un lugar recóndito que con seguridad encontraremos si recorremos el sendero con los *ojos* de la atención bien abiertos: cuanto más caminemos y más atentos estemos, más pronto aparecerá.

¿Cómo sabremos que la hemos hallado? Los estados mentales son difíciles, cuando no imposibles, de describir. A pesar de su realidad y su claridad para quien las vive, todos tenemos dificultades para describir las experiencias mentales, afectivas o emocionales. La armonía interior no es la excepción. Su definición: Un estado de ánimo que nos permite estar en paz y actuar con confianza, aun cuando enfrentamos dificultades mayores, proporciona una idea razonable de su resultado pero no explica la experiencia interna.

El destino anhelado, a pesar de parecer esquivo y encontrarse camuflado, es indirectamente reconocible. Cuando una persona experimenta armonía interior, lo sabe (y, generalmente, los demás también). Puesto que todos hemos tenido momentos maravillosos de ecuanimidad —aquella época cuando todo lo que nos rodeaba parecía funcionar a la perfección, la ocasión cuando nos quedamos imperturbables ante los ofensivos ataques verbales de alguien, aquel momento excepcional cuando ejecutamos una tarea de forma fluida y extraordinaria, las semanas inolvidables durante las cuales tuvimos bajo control algún comportamiento obsesivo estresante...— todos tenemos una imagen clara de lo que la armonía interior significa.

Desafortunadamente, debido a los recurrentes ataques de los deseos viciosos, las aversiones odiosas y las opiniones sesgadas, esos periodos maravillosos son más cortos de lo que quisiéramos... A menos que logremos sostener la atención total y la vigilancia permanente.

La armonía interior no tiene nada qué ver con éxitos o realizaciones, ni depende de acontecimientos externos. Puesto que la armonía interior es ajena a la posesión o la presencia de algo en particular, el vivir cómodamente o el divertirse con las circunstancias agradables no están en conflicto con la armonía interior.

No necesitamos renunciar a nada ni huir de cosa alguna para disfrutar de la armonía interior. Dado que están en el exterior, la armonía interior tampoco tiene conflicto con riquezas o con lugares. Su gran reto se encuentra en el apego —el apego a lo que ya tenemos o de lo queremos tener más, el apego a nuestras antipatías y odios, el apego a las opiniones sesgadas—.

El apego, el dúo ansiedad-y-estrés y la armonía interior ocurren dentro de nosotros, dentro del cerebro. La armonía interior no es la presencia externa de nada. La armonía interior es la ausencia de ansiedad-y-estrés, el sufrimiento moderno que bien describió el Buda antiguo. La ecuanimidad y la serenidad son términos que se aproximan bastante a la armonía interior y nos ayudan a comprenderla.

Dejando a un lado todas las expresiones, cuando experimentamos armonía interior, sabemos que estamos allí y somos conscientes de la presencia de tan agradable estado mental —de la indiferencia ante los deseos desordenados y las aversiones, de la imparcialidad en los conceptos, de la aceptación de las cosas tal como son—. Sin embargo, ¡cuidado! En el instante en que nos sintamos orgullosos o complacidos de tener armonía interior, pues ahí mismo e inmediatamente estaremos bien lejos de ella.

Armonía interior y felicidad

Con frecuencia la gente confunde la felicidad con la armonía interior; los vocablos tienen cosas en común, pero no son sinónimos. Todo el que disfruta de la armonía interior es feliz a su manera, pero la felicidad no siempre implica armonía interior. Deliberadamente, este libro ha evitado hasta ahora el tema de la felicidad. Sin embargo, es importante cubrirlo para no dejar sin respuesta las preguntas que los lectores puedan tener en mente.

La felicidad, nadie lo niega, es un estado mental positivo. No obstante, existen diversos problemas con este vocablo, aunque no, por supuesto, con esta agradable experiencia. Para comenzar, *felicidad* se refiere a muchas interacciones (relaciones, empleos, posesiones, etc.) y no tiene el mismo significado para todo el mundo. La felicidad puede resultar de una amplia variedad de transacciones (una relación amorosa, una promoción laboral, una casa nueva…) que provienen de afuera y que se consideran positivas. A pesar de ser muy placenteros, estos eventos no se traducen en armonía interior.

Adicionalmente, algunos eventos que traen felicidad temporal se originan en factores perturbadores de la armonía interior. Por ejemplo, tales eventos pueden ser la satisfacción de deseos intensos (una excelente comida) o el éxito de opiniones sesgadas (la victoria del partido político preferido). En los peores casos, una *ignominiosa* felicidad podría provenir de la desgracia de alguien a quien detestamos.

Además, si bien es posible andar detrás de la felicidad, la armonía interior no debe perseguirse. Se logra felicidad, así sea frágil o momentánea, conquistando las gratificaciones buscadas. Sin embargo, a la armonía interior solo se llega a través de la eliminación de las barreras que impiden su surgimiento espontáneo. Hay que agregar cosas para obtener felicidad; hay que disminuir cosas para que la armonía interior florezca.

"Después de un dolor de cabeza, yo me siento fantástico porque ya no tengo dolor de cabeza", dice el neurocientífico colombiano Rodolfo Llinás. Los deseos, las aversiones y los prejuicios son los *dolores de cabeza* que necesitan acabarse para experimentar armonía interior.

Algunos maestros espirituales, conscientes de la paradoja, han optado por reajustar la felicidad como algo muy por encima de las gratificaciones ordinarias y que está desconectada de los vínculos mundanos con los bienes materiales. El acomodo sugerido consiste en poner la calificación de *verdadera* frente a la palabra. Esta versión reducida de la felicidad implica que los resultados de las satisfacciones materiales no son felicidad. Según estos bienintencionados consejeros, la verdadera felicidad se encuentra dentro de cada persona y nunca *allá afuera*, porque la *verdadera felicidad* no puede depender de gratificaciones o condiciones externas.

El punto débil de esta redefinición es la existencia tácita de una contradictoria y *falsa* felicidad. Si se deja de lado tal incoherencia, la *verdadera* felicidad se aproxima más a la armonía interior que la felicidad *convencional*, y su opuesto, la *falsa* felicidad, se aproxima al sufrimiento que describe el Buda y a la ansiedad y el estrés que caracterizan el mundo moderno.

El novelista ruso Fiódor Dostoyevski[89] nunca habló de armonía interior, ansiedad o estrés, aunque sí escribió muchísimo sobre felicidad y sufrimiento. Según el gran escritor, "el hombre es infeliz porque no sabe que es feliz, y solo por eso. ¡Ahí está todo el secreto! Quien lo aprende, en ese mismo instante, será feliz". Este autor, el suscrito, se atreve a retocar esta maravillosa cita de una manera que quizá le hubiera gustado al genio ruso: el hombre es infeliz porque no sabe que es feliz, y solo por eso. ¡Ahí está

---

89 Dostoyevski, Fiódor. *Devils (The Possessed)*. Ware, Hertfordshire, Reino Unido: Wordsworth Editions Ltd., 2010.

todo el secreto! Quien desaprende la infelicidad, en ese mismo instante será feliz.

La infelicidad se desaprende en dos pasos. En el primero, está la comprensión íntima de la realidad de la ansiedad y el estrés, y de la inevitable propensión hacia ellos. En el segundo, se eliminan los deseos desordenados, las aversiones y las opiniones sesgadas, donde comienzan la ansiedad y el estrés. En ese momento, la infelicidad se olvida y la armonía interior llega, sin necesidad alguna de llamarla.

Esta sección se cierra con una alegoría que ilustra el tema. Dos amigos están viendo un partido soberbio de fútbol. El primero es hincha furibundo de uno de los equipos; el otro simplemente disfruta el fútbol. Felicidad es lo que siente el fanático cuando su equipo gana o anota un gol; si su equipo pierde, sufre y se lamenta. Armonía interior es la ausencia de ansiedad y de estrés en el otro aficionado, quien pasa *feliz* todo el encuentro, sin importarle el resultado.

¿Qué puede esperarse?

¿Cuándo florece la armonía interior? ¿Aparece lentamente o surge de repente? La armonía interior es el último paso de la secuencia que ha sido cubierta en detalle a lo largo de este libro:

1. Es necesario meditar, intensa y persistentemente, para desarrollar la facultad de la atención.
2. Es necesario permanecer alerta durante las horas activas para mantener alejados los deseos intensos, las aversiones y las opiniones sesgadas, cuyo conjunto constituye los condicionamientos mentales perjudiciales.
3. El sufrimiento termina una vez los condicionamientos mentales perjudiciales se encuentren bajo control.
4. La armonía interior florece cuando el sufrimiento desaparece. Cada vez que la ansiedad y el estrés reaparecen, la armonía interior se esfuma.

En términos de resultados, el factor crítico de esta secuencia es la atención total, el segundo de los cuatro puntos. Su permanencia en alguien es definitiva en la prontitud o la tardanza de su vivencia de la desaparición de su sufrimiento y del surgimiento de su armonía interior. Sin atención total, las formaciones condicionadas perjudiciales del individuo son las dueñas y rectoras de su conducta y, por ende, las responsables de su ansiedad-y-estrés.

La meditación de atención total, el primer paso de la secuencia, es el recurso afortunado —la acción que puede tomarse— para corregir la volatilidad de la atención. Cuanto más dispersa sea la mente, mayor es la necesidad de meditar. En términos de resolución, de lo que es posible hacer, la meditación es el factor crítico. La meditación es el único de los cuatro pasos que exige dedicación específica de tiempo, excluyente de cualquier otra actividad.

Con este repaso, cuya comprensión es absolutamente necesaria, es posible responder la pregunta inicial de esta sección: ¿qué se puede esperar? Las expectativas de eliminar la ansiedad y el estrés, para la consecuente aparición de la armonía interior, dependen totalmente del compromiso serio con la meditación. Una vez la atención total se vuelve cotidiana, los puntos tres y cuatro ocurrirán fácil y automáticamente.

Algunos maestros, como el filósofo J. Krishnamurti, afirman que la atención total es fácil y natural (ver la sección final del capítulo 15). Eso es así solamente para seres excepcionales como el sabio de la India. Para la gente corriente, como este autor, la atención total es difícil y su aplicación durante siquiera *la mayor parte del tiempo despiertos* exige de la práctica continua de la meditación, por tanto tiempo como pueda dedicársele. Cuanto más frecuentes y largas sean las sesiones, más fácil y natural será la atención total. No deben esperarse *milagros*; la atención total no es asunto de fe y no hay atajos hacia ella.

Las exigencias no son ni exageradas ni irrealizables, sin embargo una dedicación moderada a la meditación conduce a avances moderados. Es posible experimentar progresos menores pero perceptibles en la vigilancia de los deseos, las aversiones y los prejuicios, así como disminuciones claras en los niveles de ansiedad y estrés. Es importante estar atentos a estos progresos. Todos los beneficios de la meditación se materializarán (eso sí, sin perseguirlos) en proporción a la intensidad de las prácticas. Los más notorios, como podría esperarse, son los relacionados con la salud física y mental.

Lo mejor que le puede suceder (y así será para quienes perseveren) es que estos progresos aumenten la determinación para dedicar más horas a la meditación, generándose así un círculo virtuoso. A medida que se reducen los condicionamientos mentales perjudiciales, el ego redundante se vuelve cada vez menos influyente, la ansiedad y el estrés disminuyen, menos segundas flechas hacen blanco en la mente vigilante y se experimentan periodos más largos de armonía interior que invitan a seguir adelante con la meditación.

En algún momento, el ego redundante se desvanece y el ser esencial se hace cargo. Entonces, después de un tiempo indefinido y no pronosticable, hay atención total la mayor parte del tiempo, el sufrimiento desaparece y la armonía interior se convierte en un estado casi permanente.

Cuando se acaba el sufrimiento

El Buda compara sus enseñanzas con un armazón improvisado que un hombre hace para cruzar un río ancho[90]. Él tiene urgencia de llegar al otro lado, y no hay transbordadores o puentes a la vista. Como su única opción, el viajero recoge palos, ramas y enredaderas del bosque cercano, y se las arregla para improvisar una balsa, que termina con mucha diligencia.

Después de cruzar el río, el hombre se pregunta si valdría la pena cargar la balsa sobre sus hombros pues podría necesitarla

---

90   *Majjhima Nikaya 22: Alagaddupama Sutta: The Simile of the Snake.*

más tarde. "¡Qué idea más tonta!", reflexiona, y continúa el viaje hacia su destino dejando de lado el armatoste.

El Buda dice que sus enseñanzas son como la balsa de la parábola. Una vez estando al otro lado, las enseñanzas, como la balsa, se vuelven inútiles y bien pueden abandonarse. La teoría detrás de la realidad del sufrimiento, sus orígenes y su cesación, así como las direcciones para seguir el camino hacia la liberación de las segundas flechas (las instrucciones para meditar, el conocimiento de los obstáculos y de los favorecedores de la atención total, los beneficios, los riesgos...) son la balsa. En su camino, los viajeros han de construir sus propias balsas y cruzar su propio río. Después de ello, tan solo necesitan continuar caminando.

Los pasos para juntar los palos, las ramas y las enredaderas son las instrucciones de meditación. Atravesar el río es el inicio de la práctica y su conversión en un hábito continuo; la atención total es el permanente caminar; la práctica constante de la meditación, por último, es el ejercicio que mantiene al viajero en buena forma para el largo trayecto.

El viajero no requiere de más instrucciones cuando ya se encuentra en el otro lado; barcos, ferris y puentes se vuelven innecesarios. Una vez que se ha eliminado el ego redundante, el yo esencial se hace cargo de todos los actos. Entonces, sin esfuerzo, sin ninguna lucha para completar un objetivo o para alcanzar un destino determinado; se fluye espontánea y naturalmente con la vida. Tiene que ser así. Nadie puede fluir a propósito.

Miguel Ángel, el gran artista del Renacimiento italiano, creía que las imágenes ya existían en los bloques de mármol, como si estuvieran encerradas allí. Antes del primer corte, pensaba, el escultor debía descubrir la efigie adentro y luego proceder a eliminar el exceso de material. Miguel Ángel, tan fácil para él, solo retiraba del mármol lo que no era estatua.

De la misma manera, el yo inflado —repleto de formaciones condicionadas dañinas— es como una enorme piedra, muy, muy pesada. El ser esencial, la obra de arte propiamente dicha, se encuentra en algún lugar dentro de esa roca. Para encontrarlo, como el artista sugiere hacer con el mármol, también se requiere eliminar el excedente. El ser humano posee las habilidades para remover los trozos que no son parte de su naturaleza interior; la tarea requiere, sin embargo, muchísima perseverancia —solo hay que preguntarle a Miguel Ángel—.

Cuando la tarea se ha completado, la persona experimenta de manera muy diferente su propia existencia y todo lo demás que la rodea. El ser esencial surge espontáneamente después de silenciar las formaciones dañinas y de eliminar el ego redundante. No se encuentra ese ser esencial mediante razonamientos, cultos o creencias porque estas se basan en las mismas formaciones condicionadas que ha fabricado el yo inflado.

Tampoco es posible depender de guías espirituales, maestros o gurús. Algunos sabios pueden en verdad señalar una dirección correcta, pero nadie puede conducir a otro hasta su ser esencial; ese hallazgo debe hacerlo cada persona por sí misma. No es posible construir ni refinar la naturaleza interior; ella ya está allí. Tampoco se alcanza mediante trucos intelectuales. El trabajo, como este libro lo ha discutido en detalle, consiste en acallar los ruidos mentales y desaprender —desprogramar, borrar, apagar— las formaciones condicionadas perjudiciales.

Una vez que Miguel Ángel retiró los fragmentos superfluos en los bloques de mármol, las armonías de su *Pietà*, de su *David* o de su *Moisés* resultaron magníficas. Cuando se corta el material excedente de la piedra gigantesca del *yo* inflado, allí mismo, dentro de cada ser humano, su ser esencial se manifiesta, vibrando en armonía interior. Solamente hay que eliminar lo innecesario.

Apéndice 1
Glosario

Abstracciones o estados meditativos: Ver "Estados meditativos".

Agregados de la personalidad (*khandha* en pali): El conjunto de cualidades físicas, mentales y conductuales que nos proporcionan el sentido de identidad o yo. Los agregados son las cinco manifestaciones de la personalidad: cuerpo, señales sensoriales, percepciones, condicionamientos mentales (o formaciones condicionadas) y cognición.

Anclas de la meditación: Ver "Dispositivos mentales".

Ansiedad-y-estrés o sufrimiento: (*dukkha* en pali): Ver "Sufrimiento".

Apetito: Deseo o requerimiento natural, como el deseo por los alimentos o el sexo, necesario para sustentar la vida orgánica y preservar la especie; la fuerza motriz hacia la satisfacción de las necesidades biológicas requeridas para la supervivencia.

Armonía interior (*nibbana* en pali): La experiencia de la cesación total e incondicional del sufrimiento; el estado de encontrarse y permanecer en paz aun en la presencia de dificultades.

Atención total (*khandha* en pali): La permanente observación de la vida a medida que se desenvuelve. De manera más específica, atención total es: 1) la vigilancia activa de todo lo que estamos haciendo, y 2) la observación pasiva del cuerpo, las sensaciones y los estados mentales.

Aversión: Rechazo o repugnancia hacia ciertas personas o cosas que genera un exigencia apremiante de evitarlas o apartarse de ellas.

Buda, el: Siddhattha Gotama, el creador de la doctrina budista.

Canon Pali: Una voluminosa colección de documentos en lenguaje pali, un idioma índico muy cercano al sánscrito clásico. El Canon Pali contiene, entre muchos otros documentos, las narraciones o discursos del Buda.

Cognición (*viññana* en pali, quinto agregado de la personalidad): El proceso de conocer, aprender, juzgar y ser consciente; la capacidad de llamar y utilizar conocimientos, habilidades y recuerdos, a los cuales solo podemos acceder nosotros mismos. La cognición es el depósito tanto de la biblioteca de todo lo que sabemos, creemos y somos, como el manual de instrucciones para todo lo que podemos hacer.

Condicionamientos mentales o formaciones condicionadas (*sankhara* en pali, cuarto agregado de la personalidad): Las rutinas de conducta, físicas o mentales, que aprendemos voluntariamente, o adquirimos a regañadientes o sin darnos cuenta.

Cuerpo (*rupa* en pali, primer agregado de la personalidad): La totalidad de partes visibles y de componentes internos del cuerpo humano.

Deseo intenso o deseo desordenado: Avidez excesiva o ambición ardiente por algo.

Dispositivos mentales o anclas: Objetos o funciones en los que los meditadores centran su atención durante su práctica. Las dos anclas más utilizadas en la meditación de atención total son la respiración y las sensaciones.

Dolor: Sensación molesta y perturbadora que resulta de enfermedades, golpes, heridas u otros desarreglos físicos que afectan negativamente el cuerpo de las personas.

Ego redundante: La parte del yo, programada en el cerebro por los condicionamientos mentales dañinos, que es discrecional y, por lo tanto, puede ser reducida en su influencia o *tamaño* y, finalmente, eliminada. El ego redundante de cada persona es el asiento de su sufrimiento.

Elementos de la meditación: Cuatro pautas que definen y circunscriben la práctica de la meditación. Los cuatro elementos son: un ambiente tranquilo, una actitud pasiva, una postura cómoda y un dispositivo mental (o ancla) en el cual se enfoca la atención.

Emoción: Reacciones del cuerpo, sin la intervención de la razón, a ciertos estímulos externos o internos (una amenaza o un recuerdo, por ejemplo,).

Enseñanzas (*dhamma* en pali): La esencia de la doctrina del Buda, que deja por fuera los mitos y la porción religiosa del budismo. La palabra *enseñanzas* es una de las traducciones de *dhamma*, el vocablo más importante en la literatura budista. Otras traducciones de *dhamma* incluyen ley, ley natural y doctrina.

Estados meditativos o abstracciones (*jhana* en pali): Cuatro estados meditativos, progresivamente más profundos, que los meditadores alcanzan de manera espontánea cuando practican la meditación con paciencia y persisitencia.

Estado mental: Condición mental en la cual las cualidades que lo caracterizan son relativamente constantes aunque, por la forma como opera la mente, tales cualidades tienden a ser variables.

Favorecedores: Los estados de ánimos y las condiciones que ayudan a la meditación y a la atención total a superar los obstáculos. El Buda sugiere siete favorecedores: atención a los deseos intensos y aversiones, calma física y mental, silencio, ecuanimidad, determinación, estudio y alegría.

Fenómeno: Cualquier evento que se puede percibir.

Formaciones condicionadas: Ver "Condicionamientos mentales".

Fundamentos de la atención total: Ver "Objetos o fundamentos de la atención total".

Hechos de la existencia humana: Hechos sobre la naturaleza de la existencia humana. Los hechos son tres: transitoriedad, materialidad y sufrimiento (más exactamente, la predisposición humana al sufrimiento).

Identidad simbólica: La identidad mental —el yo— en contraposición a la individualidad física; el *software* neuronal que maneja y controla el cuerpo.

Individualidad física: El cuerpo.

Materialidad (*annatta* en pali, una de las características de la existencia humana): La naturaleza física o mundana de la vida humana según la cual el yo es el resultado de una especie de *software* neuronal que se origina en y opera desde el cerebro y que se manifiesta a través del cuerpo. La materialidad implica la ausencia o carencia en la existencia humana de entidad alguna que pueda considerarse como un yo inmaterial o una esencia inmaterial que residiría dentro, detrás o paralela al cuerpo físico. Literalmente, el vocablo pali significa *ausencia de alma*. Una traducción alternativa sugerida es *impersonalidad*.

Meditación: El amplio conjunto de ejercicios físicos y mentales a través de los cuales sus practicantes manejan y controlan su atención en busca de ciertos beneficios como la reducción del estrés, la mejora de la salud, el crecimiento espiritual o el aumento del rendimiento.

Meditación de atención total: Una práctica mental durante la cual los meditadores, con los ojos apaciblemente cerrados, sentados en una posición cómoda y en un ambiente tranquilo, adoptan una actitud pasiva y centran la atención en ciertos dispositivos mentales con el propósito de ejercitar su capacidad para permanecer atentos. Cada vez que los meditadores se dan cuenta de que la mente se ha distraído, la regresan intencionalmente al ancla de turno.

Mente: Los mecanismos y procesos del cerebro; aquellas acciones y funciones del cerebro que son exclusivas del ser humano y que jamás son ejecutadas por el cerebro de otros mamíferos que poseen una estructura similar.

Miedos: La aprehensión natural causada por la anticipación o la presencia de peligros; el mecanismo de supervivencia para enfrentar o escapar de las amenazas.

Nivel 0: El estado mental que un meditador alcanza cuando se ciñe a la definición básica de la meditación de atención total durante un tiempo de práctica moderadamente largo (cuarenta y cinco a sesenta minutos, duración recomendada para cada sesión).

Niveles 1, 2, 3 y 4: Los cuatro estados meditativos o abstracciones de la meditación profunda.

Objetos o fundamentos de la atención total: Los dominios u objetos sobre los que debemos mantener la atención para liberarnos de la ansiedad y el estrés.

Obnubilación: Una creencia falsa persistente (o hipotética, sin prueba científica) sostenida como verdadera.

Obstáculos a la meditación y a la atención total: Los estados de ánimo que nos disuaden o nos desaniman de la práctica de la meditación o de la atención total. El Buda sugiere cinco condiciones o situaciones: codicia, hostilidad, pereza, inquietud y duda.

Opinión: Creencia o juicio más firme que una impresión, pero no tan firme para convertirla en un hecho verificable.

Opinión sesgada: Creencia sesgada, visión intolerante o prejuicio que carece de respaldo de conocimiento objetivo. El dueño de una opinión sesgada la considera cierta.

Pali: Idioma índico, muy cercano al sánscrito, en el cual fue escrito inicialmente el Canon Pali.

Percepciones (*khandha* en pali, tercer agregado de la personalidad): La interpretación que el cerebro hace de las señales sensoriales.

Segundas flechas: Metáfora del Buda para referirse al sufrimiento resultante de los pensamientos obsesivos alrededor de problemas o contratiempos que ya se resolvieron o que carecen de solución.

Sensaciones: El fenómeno sensorial consolidado, esto es, la fusión de las señales sensoriales (que ocurren en todo el cuerpo) y la percepción (que ocurre en el cerebro).

Sentido de identidad o yo (*atta* en pali): La identidad simbólica que se manifiesta como continuidad y consistencia en el comportamiento de una persona. El yo es una supercompleja porción de *software* neuronal que ejecuta sus funciones a través del cerebro, el asiento de la mente.

Sentimiento: La percepción de reacciones emocionales; el registro y el procesamiento que ocurren en el cerebro cuando este se da cuenta de tales reacciones.

Sentimiento de trasfondo: La mezcla de emociones, recuerdos emotivos y señales sensoriales que producen el tono general de la vida.

Señales nerviosas o neuronales: Mensajes electroquímicos utilizados por las neuronas para comunicarse entre sí, en un proceso denominado neurotransmisión.

Señales sensoriales (*vedana* en pali, segundo agregado de la personalidad): Las señales nerviosas que envían los órganos de los sentidos (ojos, oídos, nariz, piel, boca, cerebro) al cerebro mismo. Para los sentidos convencionales, las señales llegan al cuerpo desde el mundo exterior. Para el sexto sentido, la mente, las señales ocurren dentro del cerebro mismo.

Ser esencial: El yo reducido, el yo *disminuido* a su *tamaño* natural, cuando las condicionamientos mentales dañinos han sido silenciados; el remanente —lo que queda— del yo inflado cuando suprimimos la porción redundante.

Sufrimiento o ansiedad-y-estrés (*dukkha* en pali): El conjunto de sentimientos negativos generados por los deseos intensos de lo que nos falta (comida en exceso, amigos, amor, sexo, dinero, poder, prestigio, etc.) y las aversiones a aquello que de manera real o imaginaria nos rodea (amenazas, personas desagradables, eventos o cosas).

Transitoriedad (*annica* en pali, una de las características de la existencia humana): La naturaleza cambiante de todas las cosas.

Yo o sentido de identidad (*atta* en pali): Ver "Sentido de identidad".

Apéndice 2
Los fundamentos de la atención total

Guías para la meditación y la atención total

Los dos discursos del Canon Pali sobre los cuatro fundamentos de la atención total, la versión corta[91] y la versión extensa[92], son los textos más estudiados por los investigadores académicos del budismo. El cuerpo, las sensaciones, los estados mentales y la esencia de las enseñanzas del Buda conforman estos cuatro fundamentos. Ambos discursos contienen una sección para cada uno de los cuatro aspectos: la primera y la cuarta son bastante largas, la segunda y la tercera son muy breves. Este apéndice contiene instrucciones simplificadas de meditación y de atención total para los cuatro fundamentos, adaptadas por este autor para facilitar la comprensión del tema.

Los textos de los dos primeros fundamentos son específicos para la meditación[93]. El primero utiliza la respiración, una función del cuerpo, como el ancla para la práctica. El segundo usa las sensaciones con el mismo propósito. El tercer conjunto de instrucciones describe la práctica de la atención total alrededor de los estados mentales, siendo importante aclarar que los estados mentales no son anclas recomendables para los principiantes de la meditación.

---

91 *Majjhima Nikaya 10: Satipatthana Sutta: The Foundations of Mindfulness.*

92 *Digha Nikaya 22: Satipatthana Sutta: The Great Foundations of Mindfulness.*

93 **La palabra meditación**: La palabra meditación, con la connotación del mundo occidental, no figura en las enseñanzas del Buda. Las instrucciones para enfocar la atención en la respiración constituyen la única referencia en la división de discursos del Canon Pali (hasta donde este autor ha logrado averiguar). Tales guías, que describen a un monje que se sienta con las piernas cruzadas y el cuerpo erguido, constituyen el punto de entrada a los fundamentos de la atención total, sin utilizar la palabra "meditación". Por extensión, las direcciones para centrar la atención en las sensaciones, en una postura sentada, caben también apropiadamente dentro de la definición de la meditación.

El texto al final de este apéndice sobre el cuarto fundamento describe, con una terminología bastante abstracta y en su nivel más *profundo*, la meditación de atención total, el octavo hábito del camino hacia la eliminación del sufrimiento. Esta breve narrativa del Sabio corresponde al segundo estado (estado 2) con cuatro niveles (1 al 4), resumidos en el apéndice 4, y está en línea con lo que fue presentado en la sección "Flujo de sensaciones" del capítulo 15.

En la narrativa del cuarto fundamento se encuentra la mayor diferencia de longitud entre la versión corta y la larga de los fundamentos de la atención total. Este autor considera que la parte cuatro del discurso corto contiene la esencia de las enseñanzas, las cinco nociones que el Buda quiere dejar claras, no racionalmente en un texto sino vivencialmente, como parte del recorrido del camino hacia la eliminación de la ansiedad y el estrés. Estas cinco nociones son: los obstáculos de la atención total, los agregados de la individualidad, las esferas de la actividad mental[94], los favorecedores de la atención y las cuatro verdades. A lo largo de este libro, ya sea en su parte principal o como notas finales, las cinco áreas han sido cubiertas.

Las instrucciones para enfocar la atención en la respiración (primer ítem) o las sensaciones (segundo ítem), tal como se presentan, no son las instrucciones típicas que los instructores de meditación, sea en vivo durante clases o en cursos audiograbados. La intención del Buda aquí es la focalización de la atención en lo que está sucediendo en el cuerpo (la respiración es profunda) y en

---

94 **Las esferas de la actividad mental**: El conjunto conformado por los ojos y las formas visibles, los oídos y los sonidos, la nariz y los olores, la lengua y los sabores, el sistema sensorial y los objetos tangibles, y el cerebro y los objetos mentales, se conoce como "las doce esferas de la actividad mental" (seis órganos y seis objetos), o sea, los medios alrededor de los cuales giran los procesos mentales. Los seis órganos de los sentidos constituyen los medios internos; los objetos, los medios externos. Las doce esferas actúan como intermediarias entre los fenómenos (los que ocurren por fuera de la forma física y los internos, propios del organismo) y la cognición, el quinto agregado de la personalidad. Las doce esferas enfatizan la importancia en toda experiencia tanto de los objetos "externos" como de las señales sensoriales asociadas que se generan en el "contacto" de cada par.

la mente (la mente está dispersa) de los meditadores, en vez de *ordenar* alguna acción (respire profundamente, ignore las distracciones). Este autor interpreta que, con este enfoque, la intención del Buda se centra en la mera observación de lo que sucede (lo cual puede hacerse sin ninguna instrucción), en vez de en las órdenes corrientes que mantienen *autoridad* en el instructor.

Las frases sugeridas por ejemplo no contienen instrucciones como "focalice la atención en la respiración, inhale profundamente, exhale lentamente". En vez de esto, dice el Buda: "La atención está en la respiración; cuando la inhalación es profunda, el meditador sabe que la inhalación es profunda; cuando la exhalación es lenta, el meditador sabe que la exhalación es lenta".

Las direcciones para *la atención a los estados mentales* (tercer punto) y *la meditación más allá de las anclas* (cuarto punto) siguen un patrón similar.

El desafío de los instructores de meditación cuando dirigen sus clases es convertir las frases sugeridas por el Buda en frases impersonales que no distraigan. La atención de cada estudiante siempre puede estar centrada en algo diferente a la de los otros. Además, mientras que algunos están inhalando, otros podrían estar exhalando o sosteniendo su respiración. Cuando adquieren suficiente experiencia, los estudiantes deben poder meditar sin necesidad de instrucciones verbales de terceros. El reto consiste en mantener atención focalizada en algo (o en nada), sin distracciones y sin juicios sobre la experiencia.

Meditación centrada en la respiración

¿Y cómo un meditador[95] permanece atento al cuerpo como simplemente un cuerpo? En este proceso —habiéndose ido a un bosque, a la sombra de un árbol, o a algún lugar tranquilo y aislado—,

---

95 **Meditador contra monje**: El Buda en sus discursos siempre se dirige a sus oyentes como "monjes". En este apéndice, la palabra "meditador" y su plural "meditadores" reemplazan a monje o monjes.

un meditador se sienta con las piernas cruzadas, mantiene el cuerpo erguido y permanece alerta a la respiración. Siempre atento, el meditador observa las inhalaciones. Siempre atento, el meditador observa las exhalaciones.

Cuando hay una inhalación larga, hay consciencia de que "el meditador está respirando una inhalación larga". Cuando hay una exhalación larga, hay consciencia de que "el meditador está respirando una exhalación larga". Cuando hay una inhalación corta, hay consciencia de que "el meditador está respirando una inhalación corta". Cuando hay una exhalación corta, hay consciencia de que "el meditador está respirando una exhalación corta".

Experimentando todo el cuerpo, el meditador inhala, ejercitando así su facultad de atención. Experimentando todo el cuerpo, el meditador exhala, entrenando así su facultad de atención. Permitiendo que el proceso de respiración transcurra en calma (sin ejercer ningún control sobre el evento), el meditador observa la inhalación, entrenando así su facultad de atención.

Permitiendo que el proceso de respiración transcurra en calma (sin ejercer ningún control consciente sobre el evento), el meditador observa la exhalación, entrenando así su facultad de atención.

De esta manera, el meditador permanece enfocado —tanto interna como externamente— en el cuerpo como un cuerpo (no suyo, no una individualidad física, no una identidad simbólica, solo un fenómeno transitorio), solo un cuerpo que está siendo percibido. La consciencia del meditador de que *hay un cuerpo* se establece en la medida necesaria para el conocimiento y el recuerdo, simples y básicos. Y el meditador permanece desapegado y no se aferra a nada en el mundo.

Así es como un meditador permanece concentrado en el cuerpo como un cuerpo.

Meditación centrada en las sensaciones

¿Y cómo un meditador permanece atento a las sensaciones como simples sensaciones? Aquí, cuando "el meditador experimenta una sensación agradable", el meditador está consciente de que está experimentando una sensación agradable. Cuando "el meditador experimenta una sensación desagradable", el meditador está consciente de que está experimentando una sensación desagradable. Cuando "el meditador experimenta una sensación neutra", el meditador está consciente de que está experimentando una sensación neutra".

Cuando "el meditador experimenta una sensación clara agradable", el meditador permanece consciente de que está experimentando una sensación clara agradable. Cuando "el meditador experimenta una sensación sutil agradable", el meditador permanece consciente de que está experimentando una sensación sutil agradable. Cuando "el meditador experimenta una sensación clara desagradable", el meditador sabe que está experimentando una sensación clara desagradable. Cuando "el meditador experimenta una sensación sutil desagradable", el meditador sabe... Cuando "el meditador experimenta una sensación neutra clara", el meditador sabe... Cuando "el meditador experimenta una sensación neutra", el meditador sabe...

De esta manera, el meditador permanece centrado —tanto interna como externamente— en las sensaciones como sensaciones (no suyas, no como partes de una identidad física, ni de una identidad simbólica, sino sencillamente como un fenómeno transitorio), que se experimentan como simples sensaciones. La consciencia del meditador de que "hay sensaciones" se establece en la medida necesaria para que haya conocimiento y recordación. Y el meditador permanece desapegado y no se aferra a nada en el mundo.

Así es como un meditador permanece enfocado en las sensaciones como simples sensaciones.

Atención total a los estados mentales

¿Y cómo una persona que está atenta sigue percibiendo, una y otra vez, los estados mentales como simples estados mentales?

Deseos o codicia[96]: Aquí, cuando una persona atenta percibe sus deseos intensos, la persona sabe: "Esta es una mente con deseos intensos". Cuando una persona atenta no percibe ningún deseo intenso, la persona sabe: "Esta es una mente sin deseos intensos".

Miedos u odios: Cuando una persona atenta percibe sus aversiones, la persona atenta sabe: "Esta es una mente con aversiones". Cuando una persona atenta no percibe ninguna aversión, la persona atenta sabe: "Esta es una mente sin aversiones".

Obnubilación: Cuando una persona atenta percibe sus puntos de vista sesgados, la persona atenta sabe: "Esta es una mente con puntos de vista sesgados". Cuando una persona atenta no percibe ninguna opinión sesgada, la persona atenta sabe: "Esta es una mente sin opiniones sesgadas".

Letargo: Cuando una persona atenta percibe que está letárgica, la persona atenta sabe: "Esta es una mente con letargo". Cuando una persona atenta percibe que está hiperactiva, la persona atenta sabe: "Esta es una mente con hiperactividad".

Apertura: Cuando una persona atenta percibe apertura mental, la persona atenta sabe: "Esta es una mente abierta". Cuando una persona atenta percibe rigidez mental, la persona atenta sabe: "Esta es una mente estrecha".

Realización o logro: Cuando una persona atenta percibe la posibilidad de estados mentales superiores a los actuales, la persona atenta sabe: "Pueden existir estados mentales superiores al actual". Cuando una persona atenta percibe que no puede haber estados mentales superiores al actual, la persona atenta sabe: "Quizá no hay estados mentales superiores al actual".

Concentración: Cuando una persona atenta percibe que está concentrada, la persona atenta sabe: "Esta es una mente

---

96 **Denominaciones de las áreas de los estados mentales**: La sección sobre los estados mentales describe la aplicación de la atención a los estados mentales, clasificándolos en ocho áreas. Estas ocho áreas son: deseos o codicia, miedos u odios, obnubilación, letargo, apertura, realización o logro, concentración y libertad. Los subtítulos aquí utilizados no aparecen en el Canon Pali.

concentrada". Cuando una persona atenta percibe que está dispersa, la persona atenta sabe: "Esta es una mente dispersa".

Libertad: Cuando una persona atenta percibe que es libre, la persona atenta sabe: "Esta es una mente libre". Cuando una persona atenta percibe que es apegada, la persona atenta sabe: "Esta es una mente cautiva".

De esta manera, la persona atenta percibe —tanto interna como externamente— los estados mentales como estados mentales (no suyos, no producto de una identidad física o una identidad simbólica, sino un fenómeno transitorio), simples estados mentales que están siendo experimentados. La consciencia del meditador de que "hay estados mentales" se establece en la medida necesaria para el conocimiento y la memoria básicos. Y la persona atenta permanece desapegada y no se aferra a nada en el mundo.

Así es como una persona permanece percibiendo los estados mentales como simples estados mentales.

La meditación más allá de las anclas

Alegría: ¿Y qué es recta concentración[97]? Cuando el meditador permite que la avaricia, la hostilidad, la pereza, el desasosiego y la duda se alejen, el meditador entra en el primer estado meditativo, un estado de alegría sutil pero real, nacido del aislamiento físico, acompañado de pensamiento dirigido (observación de la respiración) y de pensamiento discursivo (observación de sensaciones).

Calma física y mental: A medida que el pensamiento dirigido y el pensamiento discursivo disminuyen, el meditador entra en un segundo estado meditativo, un estado de alegría y de calma física y mental, nacidos del silencio reflexivo, libres del pensamiento dirigido y del pensamiento discursivo.

---

97 **Meditación de atención total**: La mayoría de las traducciones de los discursos del Buda se refieren a la octava práctica del camino hacia el fin del sufrimiento como "recta concentración".

Ecuanimidad: Cuando el meditador se torna indiferente a la alegría que experimenta y permanece imperturbable, atento y claramente consciente, el meditador entra en un tercer estado meditativo, un estado de ecuanimidad y calma imparcial, y permanece plenamente consciente y lúcido de esta ecuanimidad (nacida de la suspensión de todas las relaciones con el mundo sensible y con la memoria).

Consciencia pura: Cuando el meditador, perspicazmente atento pero neutral a cualquier sensación o sentimiento que pueda estar percibiendo, separado de la alegría o de la ausencia de alegría, entra en un cuarto estado, un estado aún más profundo de consciencia pura, nacido de la ecuanimidad. Esto es consciencia pura del momento presente.

Apéndice 3
La fisiología de la meditación

Fundamentos neurológicos

Las neuronas son las células del sistema nervioso que se comunican entre sí a través de señales electroquímicas. Los neurotransmisores son los compuestos químicos que las neuronas utilizan para enviar instrucciones a las neuronas vecinas. Las conexiones neuronales, o sinapsis, son las estructuras moleculares a través de las cuales las neuronas envían los neurotransmisores a las otras neuronas. Los receptores químicos son moléculas especializadas en las neuronas destino que interpretan las instrucciones recibidas de las neuronas fuente.

Las conexiones neuronales son excitadoras, cuando la señal nerviosa aumenta la actividad de la célula receptora, o inhibidoras, cuando la señal reduce la actividad de tal célula.

Hay muchos tipos de neurotransmisores; diez de ellos hacen el 99 % del trabajo total. La dopamina, la serotonina, la acetilcolina, el glutamato y el GABA (ácido gamma-amino butírico) son los más conocidos. Mientras el glutamato produce con mayor frecuencia resultados excitadores, el GABA comúnmente transmite señales inhibidoras. La mayoría de las neuronas generan glutamato (con efectos excitadores) o GABA (con efectos inhibidores).

El efecto excitador o inhibidor de una señal sobre la neurona destino depende tanto del neurotransmisor generado por la neurona fuente como del tipo de receptor químico que recibe el neurotransmisor en la neurona final.

Las expresiones *neurona excitadora* y *neurona inhibidora* son referencias simplificadas a neuronas que liberan glutamato o GABA, respectivamente. Puesto que hay varios *participantes* en cada transmisión —neurona fuente, sinapsis, neurotransmisores, neurona destino, moléculas receptoras—, las expresiones *mecanismos inhibidores* (o circuitos inhibidores) y *mecanismos excitadores* (o circuitos excitadores), refiriéndose a procesos activadores o desactivadores, resultan más precisas que los términos especializados como neuronas, neurotransmisores o señales inhibidoras o excitadoras. El interés de este apéndice se centra en los mecanismos inhibidores.

La meditación de atención total es un ejercicio intensivo de los mecanismos inhibidores del sistema nervioso; tal entrenamiento conserva estos mecanismos en buena forma, o los restaura cuando su capacidad funcional se ha deteriorado.

No es posible observar los circuitos inhibidores alternando entre sus posiciones de encendido-apagado, ni siquiera con las sofisticadas tecnologías de imágenes disponibles en la actualidad. Estas tecnologías pueden desplegar actividad neuronal, pero no están en capacidad de señalar si tal actividad es inhibidora o excitadora. En otras palabras, la inhibición es *invisible* (por comparación, cuando una persona no hace nada, pues no se detecta ninguna acción).

La meditación, sin embargo, sí conduce a efectos medibles asociados con instrucciones de restricción o disminución de actividad en otras funciones fisiológicas. Ejemplos de tales efectos son la disminución de la frecuencia cardiaca, la reducción de la frecuencia respiratoria, la disminución del consumo de oxígeno y una tasa metabólica más lenta.

Entrenamiento de los mecanismos inhibidores

Cada tarea voluntaria del cuerpo o automática del organismo exige la intervención coordinada de señales excitadoras y señales inhibidoras. En los ejercicios físicos, como el baile o el malabarismo, que además incluyen actividad mental, el trabajo neuronal en todo el sistema nervioso es simultáneamente excitador e inhibidor. En actividades puramente mentales, como los juegos de ajedrez o el sudoku, la actividad neuronal, que ocurre principalmente en el cerebro, implica mucha más excitación que inhibición.

En cualquiera de los dos casos, sin embargo, el papel de la inhibición es extremadamente importante.

¿Cómo se entrenan específicamente los mecanismos inhibidores? Puesto que no es posible presenciar *movimiento alguno* cuando las órdenes son de inacción, ¿cómo se mantienen en buena forma unos mecanismos cuyo trabajo es la inacción, esto es, la detención o disminución del ritmo a las acciones, lo invisible? Este es exactamente el resultado de la práctica de la meditación de atención total. En general, la mayoría de las formas de meditación son excelentes entrenadores de mecanismos inhibidores; sin embargo, la meditación de atención total es la rutina más efectiva.

Como ya se mencionó, la meditación de atención total es la *gimnasia* de la atención dirigida para que evolucione hacia un hábito permanente. Durante la meditación, se interrumpe o se disminuye la actividad física o mental como resultado de la acción del *ejército inhibidor*, que envía instrucciones de "deténgase" o "disminuya actividad" a los circuitos excitadores, los encargados de manejar las tareas motrices, visuales, acústicas, olfativas, degustativas y mentales.

La meditación de atención total es la acción intencional de detener o disminuirles el ritmo a las funciones corrientes del estado de alerta (lo opuesto de estar durmiendo). ¿Qué sucede en el sistema nervioso durante la meditación? Cuando comienza una sesión, ocurre una amplia variedad de experiencias sensoriales y perceptuales, que provienen de la activación y desactivación continuas de los circuitos inhibidores.

A medida que la interiorización aumenta, el meditador se aísla no solo de las señales sensoriales externas (la parte fácil), sino también de la incesante divagación mental, las señales sensoriales internas (la parte que demanda más determinación). Cuando la *inacción* prevalece durante la pasividad absoluta, tanto física como mental, millones de conexiones inhibidoras *entran en acción*, bloquean los pensamientos distractores y generan en los practicantes algunas experiencias sensoriales singulares. Estas experiencias cambian de persona a persona, y de sesión a sesión para el mismo meditador. Sin embargo, como cualquier otro evento mental, tales experiencias son el producto del sistema nervioso mismo y no, de ninguna manera, de intervenciones sobrenaturales.

Aunque puede haber muchas variaciones en las rutinas de meditación de atención total, la secuencia que se describe a continuación es típica y contiene suficiente información para explicar la asociación entre meditación e inhibición neuronal. Mientras que los principiantes normalmente permanecen dentro de los primeros cuatro o cinco numerales de esta progresión, los meditadores constantes pueden alcanzar y experimentar los niveles de introspección más profundos. Aunque los meditadores no deben perseguir o buscar la experiencia como se describe ni las palabras utilizadas deben tomarse *literalmente*, la secuencia es más o menos así:

1. Por el solo hecho de permanecer sentados, quietos, con los ojos cerrados y en un lugar aislado, la gran mayoría de los circuitos excitadores —los motores, los habladores, los miradores, los oyentes y, si el estómago no está repleto, los digestores— entran en reposo. Todas las neuronas inhibidoras asociadas a tales circuitos permanecen encendidas (activas). Hasta aquí, excepto por la postura y el estado consciente, meditar y dormir son actividades similares.

2. Cuando el meditador observa las sensaciones claras —ropa, contacto con el asiento o el piso—, las conexiones inhibidoras que normalmente bloquean esas sensaciones se apagan (por ello las sensaciones ahora se perciben).

3. Cuando el meditador dirige la atención al flujo de la respiración, otros mecanismos inhibidores se activan para suprimir las distracciones.

4. Cuando las distracciones se entrometen, los mecanismos inhibidores se desactivan y permiten, involuntariamente, la aparición de pensamientos distractores. Cuando el meditador se da cuenta de que está distraído, regresa al punto 3 y los mecanismos inhibidores se reactivan.

5. Con práctica y paciencia, el meditador es capaz de mantener la atención sobre la respiración por periodos cada vez más largos. Cuando esto sucede, aparecen sensaciones sutiles en diferentes partes del cuerpo, lo que implica que los circuitos inhibidores, tanto en el sistema central como en el periférico, están apagados para permitir la percepción de esas señales sensoriales.

6. Al mismo tiempo que aparecen nuevas sensaciones sutiles (a medida que se van apagando más conexiones inhibidoras), el meditador mueve la atención hacia dondequiera que perciba una sensación diferente: la atención sigue a las sensaciones.

7. El meditador puede escanear su cuerpo y concentrar la atención donde no percibe cosa alguna; después de unos segundos, aparece una nueva sensación sutil —algunas conexiones inhibidoras se apagan— justo allí donde el meditador no percibía nada unos segundos atrás. Ahora las sensaciones sutiles siguen la atención (cuando no aparece ninguna sensación en un lugar determinado, el meditador dirige la atención a otro sitio diferente de su cuerpo).

8. Con la práctica continua, el meditador percibe un flujo muy agradable de sensaciones sutiles que observa atentamente. Cada señal sensorial que surge es el resultado de neuronas inhibidoras que se apagan. Cada señal sensorial que desaparece es el resultado de neuronas inhibidoras que se encienden.

9. Cuando las distracciones se imponen, la atención vuelve a la respiración y, una vez más, algunas conexiones inhibidoras se encienden para apagar las distracciones. Y así, por tanto tiempo como el meditador tenga disponible. Una alarma musical suave le indicará el fin de la sesión.

El papel de los mecanismos inhibidores es similar al de los guardias en las instalaciones privadas o de los porteros en los espectáculos públicos. Cuando están de servicio, ejerciendo su deber de vigilancia, solo ingresan personas autorizadas, como debe ser. Cuando no están ejerciendo sus funciones, es decir, están ausentes o desatentos, cualquier persona no autorizada puede entrar y perturbar las operaciones corrientes. Del mismo modo, cuando los custodios inhibidores están fuera de servicio, los intrusos y los pensamientos perturbadores —los deseos intensos y las aversiones, las adicciones y las fobias— se posesionan de la mente.

La meditación de atención total reentrena los mecanismos inhibidores en su papel de guardias: ¿qué puede entrar en la mente del meditador? ¿Qué funciones pueden solicitar —qué neurotransmisores, en qué cantidad— a las neuronas excitadoras? ¿Cuánto de cada tarea pueden permitir los circuitos inhibidores? ¿Cuándo deben apagarse los circuitos excitadores?

Del desorden a la armonía

Para los antepasados remotos del *Homo sapiens*, el placer y el dolor fueron mecanismos de supervivencia que aparecieron por selección natural. Al generar los deseos que exigen la repetición de acciones beneficiosas específicas, tanto fisiológicas como sociales, el placer se convierte en una ventaja de supervivencia para el individuo y para su especie. Del mismo modo, la experiencia del dolor condujo a temores que generaron alarmas automáticas cuando aparecían amenazas peligrosas similares. La oportuna respuesta condicionada de lucha o escape se convirtió en factor definitivo de supervivencia.

Los deseos y temores, por lo tanto, son respuestas naturales que el código genético programa como circuitos neuronales en el cerebro. Los mecanismos inhibidores *efectivos*, sin embargo, deben detener las correspondientes respuestas una vez que la necesidad exigente está satisfecha o el peligro inminente está controlado.

Desafortunadamente, las reacciones a las necesidades y a las amenazas se mueven a veces en la dirección equivocada. La repetición frecuente de un evento o el impacto mayor de un único episodio aislado bien podrían alterar el funcionamiento de los mecanismos inhibidores. Cuando esto ocurre, los mecanismos inhibidores se *olvidan* de bloquear —de detener las órdenes— de los circuitos neuronales condicionados que demandan con urgencia la repetición de una tarea o el bloqueo de una acción. Si después de la satisfacción de una necesidad particular, los patrones neuronales de los deseos no se apagan, los deseos temporales se convierten progresivamente en exigencias, adicciones o incluso demandas compulsivas. Del mismo modo, si después de la desaparición de una amenaza, los patrones neuronales de los temores permanecen activos, las preocupaciones transitorias se convierten en aversiones, fobias o incluso pánicos, odios o iras fuera de control.

La ansiedad y el estrés comienzan con los deseos y las aversiones. En este inicio es cuando la atención total y la meditación son más efectivas y, con la práctica disciplinada, los meditadores logran retornar las cosas a la normalidad. Desafortunadamente, durante esta etapa de deseos intensos y aversiones, es también cuando negamos o toleramos el sufrimiento: los tragos sociales y muchas aficiones refinadas, en teoría, son ampliamente toleradas.

Cuando los mecanismos inhibidores se descontrolan o se vuelven indisciplinados, el mero pensamiento de los eventos condicionantes desencadena ansias intensas de repetir el placer o miedos mayores por evitar el dolor. Ya sea en la dirección adictiva o en la repulsiva, todo el proceso se convierte en una repetición insoportable. Entonces, surgen comportamientos desastrosos cada vez más complejos y la ansiedad y el estrés se vuelven evidentes para los terceros.

Las ciencias cognitivas están descubriendo que muchos desajustes de comportamiento, como el abuso de sustancias, la bulimia, las adicciones sexuales, los trastornos obsesivo-compulsivos y los trastornos de estrés postraumático, tienen raíces en el mal funcionamiento de los mecanismos inhibidores. En este punto, se necesita asistencia psicológica o psiquiátrica especializada. Muchos terapeutas ahora están utilizando para el tratamiento de sus pacientes una combinación de meditación de atención total con otros tratamientos más convencionales.

La meditación de atención total, el ejercicio intensivo de los circuitos inhibidores, ayuda a los procesos inhibidores para que retornen al orden y a la armonía. Este enfoque es tanto una aproximación preventiva, bastante aconsejable para cualquier persona (los deseos intensos y las aversiones están siempre listos para atacar) como la prescripción correctiva más eficaz en el control de la ansiedad y el estrés.

Apéndice 4
Meditación: Guía de referencia

Este apéndice es una guía de referencia rápida para la meditación de atención total y, en esencia, contiene un resumen de lo que los estudiantes necesitan recordar para convertirse en meditadores serios. Todo lo escrito hasta ahora acerca de la sabiduría de las enseñanzas del Buda y los razonamientos de las ciencias evolutivas bien podría olvidarse. Tales conocimientos, por interesantes que resulten, sobran en el momento de cerrar los ojos y sentarse a meditar.

Etapas: Hay dos etapas en la meditación de atención total. En la primera, durante la cual la atención es activa (nivel 0), existe la intención de estar atentos y los estudiantes sostienen la atención enfocada en las anclas de su preferencia. En la segunda, la etapa de consciencia pasiva (niveles 1 al 4), los meditadores se entregan a la experiencia de la meditación, ahora sin aplicar anclas o secuencias específicas. Figurativamente hablando, en la primera etapa los practicantes se sientan a meditar; en la segunda, la meditación ocurre y los meditadores se limitan a observar lo que está sucediendo. Las tablas que aparecen en este apéndice proporcionan una visión general de lo que puede ocurrir durante cada una de las dos etapas.

Atención activa

La primera etapa ofrece cinco opciones o alternativas: observación de la respiración, observación de las partes del cuerpo, observación de sensaciones en el área justo debajo de las fosas nasales, escaneo del cuerpo para sensaciones agradables, desagradables o neutras, y escaneo del cuerpo en busca de sensaciones sutiles o claras.

Los principiantes pueden avanzar progresivamente, al ritmo que prefieran, y dedicar varias sesiones de meditación a cada opción antes de moverse a la siguiente. No es necesario pasar por todas las cinco opciones e incluso bien podrían permanecer para siempre en la primera, si se sienten satisfechos con ella. Los meditadores experimentados, por otra parte, pueden utilizar estas cinco pautas generales indistintamente en sus prácticas. Comenzar cada sesión en la opción 1 es aconsejable pero no es necesario u obligatorio. La secuencia progresiva (opciones 2 a 5) es arbitraria y los meditadores no necesitan seguirla en un orden particular. Los practicantes pueden alterar este orden de una sesión a otra, omitir algunas opciones —si desarrollan preferencias por otras— o pasar toda la sesión en una sola aproximación. La voz de un instructor o un conjunto de instrucciones pregrabadas son de hecho útiles durante la etapa de atención activa.

Observación de la respiración: Los meditadores centran la atención en su respiración y permanecen conscientes del flujo de aire, ya sea entrando o saliendo de las fosas nasales, sin juzgar si es lento o rápido, constante o irregular, profundo o superficial, sin evaluar lo que está sucediendo y sin intención alguna de alterar el flujo natural. Cuando la mente divaga y los meditadores se dan cuenta de que están distraídos, simplemente devuelven su atención a la respiración, sin consideración alguna con respecto a por qué o cómo aparecieron las distracciones.

La observación de la respiración, el ancla universal de la meditación, es:

1. El punto de partida para los principiantes cuando se sientan a meditar, no solo por primera vez, sino también durante todas sus sesiones de aprendizaje (cuando la meditación no se ha convertido todavía en un hábito).
2. Un punto de entrada adecuado (aunque no obligatorio) para cada sesión de meditación.
3. La mejor técnica para retomar la atención cuando las digresiones tienen a la mente en otro lugar.
4. Un enfoque práctico que puede ser utilizado (y muchos meditadores lo hacen) como la única técnica.

Observación de las partes del cuerpo: Los meditadores pueden comenzar su práctica con la atención centrada en su respiración. Después de un breve lapso, pueden cambiar el ancla inicial y rotar la atención alrededor de todo el cuerpo. Luego ellos exploran sus diferentes partes (dedos, manos, codos, boca, lengua...) sin importar la secuencia. Los estudiantes deben mantener la atención en cada lugar durante unos pocos segundos y luego desplazar el foco de la atención a otra parte del cuerpo. No hay reglas sobre la secuencia por seguir, pero es recomendable que cada parte del cuerpo sea visitada una vez en cada ciclo. Dependiendo del tiempo en cada punto y la duración asignada a la práctica con una alarma (ojalá de música suave), podrían efectuarse varias rotaciones en una sesión. Cuando surgen distracciones, los estudiantes simplemente devuelven la atención a cualquier parte del cuerpo y retoman un nuevo ciclo.

Observación de sensaciones en el área justo debajo de las fosas nasales: Esta opción introduce las sensaciones en la experiencia de la meditación (las opciones 1 y 2 se centran exclusivamente en partes del cuerpo). En la opción 3, los meditadores centran la atención en las sensaciones en el área situada entre las fosas nasales y el labio superior. Las sensaciones por observar son, en general, muy sutiles; incluso algunos aprendices tardan algún tiempo antes de percibir sensación alguna. Las sensaciones pueden ser de cualquier tipo: sequedad, humedad, calor, frío, cosquilleo, flujo de aire, picazón... Como todo lo que tiene que ver con la práctica, los estudiantes no deben juzgar tales sensaciones y solamente limitarse a estar conscientes de su presencia. O de su ausencia: si no hay sensación alguna identificable, los estudiantes simplemente reconocen la ausencia de sensaciones y mantienen la atención en el pequeño lugar entre la nariz y el labio superior, durante toda la sesión, de ser necesario. Con perseverancia, las sensaciones finalmente aparecerán y los estudiantes deberán mantener su atención imparcial en tales sensaciones, o en el área donde se supone que se manifiestan, hasta el final de la práctica.

Escaneo del cuerpo para sensaciones agradables, desagradables o neutras: En la opción 4, los meditadores escanean el cuerpo para darse cuenta, parte por parte, de la presencia de sensaciones agradables, desagradables o neutras, o la ausencia completa de sensaciones, en los sitios donde no hubiera ninguna. Esta opción es similar a la opción 2, pero esta vez los estudiantes deben prestar atención a las sensaciones percibidas en cada parte del cuerpo e imparcialmente observar si son agradables, desagradables o neutras.

Escaneo del cuerpo en busca de sensaciones sutiles o claras: La opción 5 es similar a la opción 4. Sin embargo, en este enfoque los meditadores toman consciencia de la sutileza (delicadeza o indefinición) de las sensaciones en contraposición a la evidencia clara y patente de las mismas. Los estudiantes también deben ser conscientes de la ausencia de sensaciones, cuando no aparezca ninguna.

Consciencia pasiva

Los niveles 1 al 4 constituyen la etapa de la consciencia pasiva. El tránsito de la atención activa a la consciencia pasiva, así como de cada uno de sus niveles al siguiente, ocurre espontáneamente (esto es, pasivamente, sin acción alguna). Los estudiantes no deben preocuparse si no entran en ninguno de estos niveles y no deben esforzarse por estar allí.

A lo largo de este libro, la meditación de atención total se ha explicado con la sencillez que debe caracterizar su práctica. Sin embargo, tanto el vocabulario budista como la terminología de las ciencias cognitivas, utilizados ambos para respaldar las razones por las cuales la meditación produce resultados positivos espontáneos, podrían haber creado en algunos lectores una imagen equivocada de complejidad. Este autor confía en que tal situación no le haya ocurrido a usted, el lector de esta línea en este instante. Ningún meditador potencial debe desalentarse por la *oscuridad* del tema o por la dificultad de la práctica. La meditación, desde la perspectiva de sus instrucciones, es muy simple. La brevedad de este apéndice confirma tal sencillez.

Meditación de atención total

Etapa 1: Atención activa

Etapa	Objetos de la atención	Guías generales	Cuando aparecen distracciones...
Atención activa (Nivel 0)	Respiración	Observación de la respiración.	... la atención regresa a la respiración.
	Cuerpo	Escaneo del cuerpo siguiendo una secuencia y permaneciendo consciente de cada parte.	
	Sensaciones en un solo punto	Focalización de las sensaciones en el área entre la nariz y el labio superior.	
	Sensaciones agradables a lo largo del cuerpo	Escaneo del cuerpo en una secuencia y permaneciendo consciente de la presencia de sensaciones agradables, desagradables o neutras en cada parte, o de la ausencia de sensaciones, cuando no hay ninguna.	
	Sensaciones sutiles a lo largo del cuerpo	Escaneo del cuerpo en una secuencia tomando consciencia de las sensaciones claras o sutiles que están presentes en cada parte, o de la ausencia de sensaciones (cuando no hay ninguna).	

Meditación de atención total

Etapa 2: Consciencia pasiva

Nivel	Estados meditativos	Guías generales	Cuando aparecen distracciones...
Consciencia pasiva (Niveles 1 al 4)	Nivel 1: Alegría	Escaneo del cuerpo, en cualquier secuencia, observando (principalmente) las sensaciones sutiles.	... la atención regresa a la respiración.
	Nivel 2: Calma	Observación, sin ninguna secuencia, del flujo espontáneo de sensaciones (principalmente) sutiles.	
	Nivel 3: Ecuanimidad	Consciencia y lucidez permanentes de la experiencia de la ecuanimidad.	
	Nivel 4: Consciencia pura	Consciencia permanente del silencio de la mente.	

Esta guía de referencia rápida es el último intento de este libro para convencer a los lectores del importante proyecto que será para cada uno la adquisición del hábito de la meditación. La teoría no es lo importante. Solo la experiencia directa de los resultados de la meditación de atención total mostrará a los estudiantes la belleza incontrovertible de la armonía interior.

Agradecimientos

Quiero manifestar mis sinceros agradecimientos a las organizaciones y a las personas que han apoyado mis proyectos de divulgación, tanto de las enseñanzas del Buda como de las técnicas de meditación de atención total que el Sabio de la India desarrolló.

En primer lugar, expreso mi reconocimiento a los Centros de Meditación Vipassana, una organización excepcional, sin ningún ánimo de lucro. Los retiros a los cuales allí asistí fueron fundamentales en mi comprensión y experiencia directa de la meditación de atención total, que ellos denominan meditación Vipassana.

Dos personas de esta organización, los maestros Jo'son Bell y Daniel Gómez, cada uno con millares de horas dedicadas al silencio meditativo, me han brindado su apoyo continuo en la divulgación de mis libros, y me han insistido hasta el cansancio en la necesidad de meditar durante incontables horas, muchas más de las que yo creo disponer. Mis agradecimientos especiales a estos incansables y desinteresados divulgadores de una hermosa causa.

Agradezco, en segundo lugar, el importante apoyo a mis proyectos de escritor que he recibido de Panamericana Editorial y de Alejandro Villate, editor tanto de este libro como de *Hacia el Buda desde Occidente*. El interés de Alejandro ha permitido que ambas obras hayan visto la luz y alcanzado su magnífica presentación final.

Un amigo y coterráneo que tuve la fortuna de conocer hace años, el doctor Fernando Zapata López, autoridad internacional en la compleja disciplina de los derechos de autor, ha sido apoyo y guía permanente en mis aventuras de escritor. ¡Agradecimientos infinitos, Fernando!

Por último, quiero expresar mi gratitud a Cheryl Browne y a Jason Shumake, doctores en Psicología, ambos de la Universidad de Texas en Austin, por el tiempo que dedicaron a revisar mi hipótesis sobre la meditación de atención total como un ejercicio intensivo de los circuitos nerviosos inhibidores. La gimnasia intensa y repetida de tales circuitos, según mi conjetura, conduce al restablecimiento de su funcionalidad, cuando esta se ha deteriorado. Aunque tal teoría aún no ha sido científicamente verificada, el doctor Shumake la considera plausible. Sus estimulantes observaciones me llevaron a explicarla con detalle en este libro.

En el desarrollo de este trabajo, he recibido el apoyo afectivo de muchas personas cercanas a mí. Ellas saben quiénes son y conocen, con certeza, mi tácita gratitud.

Referencias al Canon Pali

Las siguientes referencias conforman la bibliografía (los libros y los sitios de Internet con contenidos atribuidos al Buda) de los autores y los eruditos budistas citados o mencionados en este libro.

Para los textos originalmente escritos en inglés, las traducciones al español son inequívocas dentro de la precisión de cualquier interpretación juiciosa. Para los textos provenientes del Canon Pali, estudiados por expertos en ese idioma, las traducciones presentadas del inglés al español, representan el mejor entendimiento que este escritor logra aplicar a los párrafos citados. La palabra *entendimiento* requiere aclaración porque se refiere a pasajes de los discursos del Buda, que originalmente fueron escritos en el idioma pali. El conocimiento que este autor tiene de la lengua más antigua de la tradición budista se limita a las palabras claves del budismo (ver Apéndice 1 - Glosario) que son suficientes para captar los desafíos que los estudiosos deben enfrentar cuando traducen los mensajes del Sabio.

Las versiones al inglés de cada discurso (existen varias para los más importantes) son distintas en muchas frases, cuando no ambiguas o imprecisas. Los párrafos confusos entre las diferentes versiones al inglés de un mismo discurso, por lo tanto, han sido adaptadas, con criterio cuidadoso, al contexto de este libro.

La siguiente lista incluye las fuentes principales consultadas en idioma inglés, comenzando con los nombres de los estudiosos que tradujeron los textos originales. La referencia numerada de cada cita apunta al pasaje específico del Canon Pali. Cada cita de las palabras del Buda podría provenir de una o una combinación de varias de las siguientes fuentes:

- Analayo, *Satipaṭṭhāna Sutta — The Direct Path of Realization.* Cambridge, Massachusetts: Windhorse Publications, 2003.

- Ananda Maitreya. *The Dhammapada: The Path of Truth.* Traducido por Ananda Maitreya. Berkeley, California: Parallax Press, 1995.
- Bhikkhu Bodhi, *The Connected Discourses of the Buddha — A Translation of the Samyutta Nikaya.* Somerville, Massachusetts: Wisdom Publications, 2000.
- Bhikkhu Ñanamoli, *The Middle Length Discourses of the Buddha — A New Translation of the Majjhima Nikaya.* Traducido por Bhikkhu Ñanamoli y Bhikkhu Bodhi. Boston, Massachusetts: Wisdom Publications, 1995.
- Byrom, Thomas. *The Dhammapada: The Sayings of the Buddha.* A Rendering by Thomas Byrom. Boston & London: Shambhala Publications, Inc., 1993.
- Easwaran, Eknath. *The Dhammapada: Translated for the Modern Reader by Eknath Easwaran.* Tomales, California: Nilgiri Press, 1985.
- Maurice Walshe, *The Long Discourses of the Buddha: A Translation of the Digha Nikaya.* Somerville, Massachusetts: Wisdom Publications, 1995.
- Thanissaro Bhikkhu, Soma Thera and Nyanasatta Thera, traductores, *Access to Insight: Readings to Theravada Buddhism. Tipitaka — The Pali Canon.* http://www.accesstoinsight.org/tipitaka/index.html. 2005-2013.
- U Jotika and U Dhamminda, traductores, *Maha-satipatthana Sutta: The Great Discourse on Steadfast Mindfulness.* Buddhanet: Buddha Dharma Association Inc. http://www.buddhanet.net/imol/mahasati, consultado el 29 de agosto, 2012.

Índice alfabético